중국어
편지쓰기와
이메일

한국외국어대학 중국어과
맹주억 저

중국어 편지쓰기와 이메일

초판 1쇄 인쇄   2013년 7월 10일
초판 1쇄 발행   2013년 7월 20일

지은이 맹주억
발행인 서덕일
펴낸곳 도서출판 문예림
주소 경기도 파주시 회동길 366 (10881)
전화 (02)499-1281~2
팩스 (02)499-1283
E-mail info@bookmoon.co.kr

출판등록 1962.7.12 (제406-1962-1호)
ISBN 978-89-7482-741-0-0 (13720)

잘못된 책은 구입하신 서점에서 교환하여 드립니다.
본 책은 저작권법에 의해 보호를 받는 저작물이므로 무단 전제와 복제를 금합니다.

중국어편지쓰기

현재 중국과 우리나라의 교류는 관계는 과거 어느 시대보다도 빈번하며 교류의 영역도 매우 광범하다. 우리나라 사람으로서 이런 사정을 모르는 이는 거의 없을 것이다. 중국과의 교류에서 언어를 통한 의사소통은 필수적이기에 중국어를 공부하는 사람도 전에 없이 많이 증가하였다.

사람들은 대체로 직접 만나서 얘기하는 것이 심리적으로 편하며 바로바로 의사소통의 상황을 확인할 수 있는 효율성이 있다고 여긴다. 그러나 사정이 허락하지 않는 경우에는 편지나 이메일 같은 수단을 쓰지 않을 수 없다. 또한 구두상의 의사소통은 효력을 인정받지 못하여 서신으로 자신의 의사를 밝혀야만 하는 경우도 있다. 사실 글로 써보내는 것은 때에 따라 말로 하는 것보다 더 힘이 있고 효과도 크기도 하다. 또한 상대를 만나지 않더라도 자신의 여건만 허락한다면 언제라도 보낼 수 있다는 편의성이 있다. 이 점은 중국어의 의사소통에 있어서도 마찬가지인 것이다.

글로 의사 소통을 할 때 직접 만나서 얘기하는 것보다 어렵다고 여기는 사람들이 적지 않다. 특히 중국어를 배운 사람들의 경우 입말은 어느 정도 자신이 있어도 중국어 편지의 격식을 몰라서 편지 쓰려는 심리가 더욱 위축되는 경향이 있는 듯하다. 물론 중국어 편지는 나름대로의 독특한 격식이 다소 있기는 하지만 그것은 그리 결정적인 난점이 아니다. 다만 직접 체험이 없어서 낯설을 따름이지 대체로 우리말 편지 쓰는 것과 크게 다를 바가 없다. 우선은 구어로 배운 중국어를 써도 훌륭하게 편지를 쓸 수 있다. 편지를 쓸 때의 중국어는 특별한 중국어가 아니기 때문이다.

머리말

　이 책은 중국어 편지 쓰기에 있어서 유의하여야 할 요건과 격식을 간략하게 설명하고 각 상황에 따른 예문을 다양하게 제시하여 쉽게 중국어 편지 쓰기를 익힐 수 있게 하였다. 그리고 요즘 빈번하게 사용하는 이메일 쓰기도 소개를 하였는데 이메일은 편지보다 격식이 훨씬 간단하여 더욱 쉽게 익힐 수 있다. 현대 중국어에는 구어체와 문어체 사이에 현격한 구분이 있는 것은 아니지만 다소간의 차이가 있다. 이는 문법이나 구조상의 차이가 아니라 부분적인 표현의 차이에 불과하다. 이 책에서는 이 점에도 유의하여 예문 중에 자연스럽게 제시하여 점진적으로 숙지할 수 있게 하였다.

　필요가 있는 사람은 남이 말하지 않아도 중국어 편지나 이메일을 써보겠지만, 그렇지 않은 사람이라면 중국어 공부를 위해서라도 편지를 써보도록 하자. 그리고 편지나 이메일을 쓰면서 중국 친구를 사귀어 보도록 하자. 헤엄은 헤엄치는 가운데 늘어가게 마련이다. 중국어 글 쓰기나 중국 친구 사귀기도 수월해질 것이다. 모쪼록 이 책이 중국어 편지를 쓰려는 사람에게 친근한 벗이 되기를 바란다.

2013년 7월

맹 주 억

편지 쓰는 법

1. 편지 내용에 관하여

사실 일반적으로 우리가 쓰게 되는 편지는 '공문서'보다는 '개인적인 서신'인 경우가 대부분이다. 때문에 자신의 편지 쓰는 습관에 맞춰서 쓰면 된다. 사실 대부분의 중국인들이 文言文으로 편지를 작성하는 것은 아니기에 굳이 어려운 옛날 단어를 골라 쓰려는 고민은 무의미하다. 자신의 수준에 맞춰서 의미의 확실한 전달이 될 수 있게 써나가는 것이 오히려 바람직하다.

중국어 서간문에서 주의해야 할 점은 중국인들이 자주 쓰는 몇 가지의 습관적인 용어에 대한 숙지가 필요하다는 것이다. 아래에서는 일반적인 서신에서 쓰는 호칭, 본문, 끝 맺음말 등의 격식에 대해 알아보도록 하자.

1. 호 칭

첫 번째 줄의 가장 좌측에 쓰며, 호칭 뒤에는 콜론(:)을 붙인다. 호칭의 경우는 구어에서 쓰는 대로 쓰면 되나, '선생님, 직장상사, 웃어른'에게 쓰는 경우는 호칭 앞에 성씨를 붙여서 '李经理, 吴校长, 孔老师, 王先生, 张女士' 등으로 표현해준다. 하지만 호칭 앞에 오게되는 '亲爱的, 敬爱的, 尊敬的' 등의 용어는 필요와 관계에 따라서 선택한다.

2. 본 문

호칭 밑에 줄부터 시작된다. 한국어의 경우는 한 글자의 여백을 띄고 쓰기 시작하지만 중국어의 경우는 두 글자의 여백을 띄고 시작한다. 워드를 사용할 경우에도 두 글자의 여백을 두고 글을 쓰기 시작하면 된다. 먼저 편지 받는 이의 안부를 묻는 것부터 시작한다. 회신의 경우는 안부를 물은 후에 편지를 잘 받아보았다는 말을 덧붙이면 된다. 만약 오랫동안 연락이 없었던 경우에는 상대방의 건강이나 최근 현황에 대해 물어 상대방에 대한 관심을 표명하도록 한다. 그 이후에 자신의 근황을 밝히고, 자신이 하고 싶은 말을 쓰면 된다. 특히 부탁하는 내용인 경우는 가장 뒤에 쓰는 것이 좋다.

3. 끝 맺음말

본문이 상대적으로 격식의 제한을 적게 받는다면, 호칭과 끝말은 가장 격식이 요구되는 부분이라고 할 수 있다. 예의 상 상대방에게 축원하는 말이나 경의를 표하는 말이 주로 오는 데 그 종류는 각종 상황에 맞춰 다양하다. 여기서는 가장 일반적인 용어들을 알아보도록 하자.

- 祝~, 敬祝~, 祝究~, 此致~ 등의 용어뒤에 '好, 幸福, 学习进步, 新年好, 安好, 快乐, 工作順利, 假期愉快, 健康, 愉快, 诸事如意, 节日快乐' 등의 용어를 써주면 된다. '此致, 端此, 专此' 등을 쓰는 경우는 보다 공식적인 서신인 경우에 쓰인다.

4. 서 명

편지 쓴 이의 성명은 한국편지와 같이 편지지의 오른쪽 아래에 쓰면 된다. 서명의 앞에 쓰이게 되는 용어는 편지 쓰는 이와 받는 이의 관계를 밝히면 된다. 가족이나 친인척 어른에게 쓰는 경우는 '女儿, 儿子, 侄女, 外甥' 등을 써주면 되고, 선생님께는 '学生'이라고 하면 된다. 친구에게는 '友'를 써주며, 학교선배에게는 '学长'이나 '学姐'이고, 그 반대의 경우는 '师弟'나 '师姐'를 쓰면 된다. 이름에 뒤에 오는 말에도 주의를 기울여야 한다. 편지를 받는 사람이 본인보다 연장자라면 '上, 敬上, 謹上, 謹呈'의 용어를 써주면 된다.

II. 편지봉투 쓰는 법

국제우편일 경우는 국제 표준 규격을 따르기 때문에 국내에서 쓰는 식대로 보내는 이의 주소와 성명은 봉투의 좌측상단에 적고, 받는 이의 주소와 이름은 우측 하단에 기입하면 된다. 상대방의 이름 뒤에는 남성일 경우 '先生'을 붙이는 게 가장 무난하고, 여성일 경우는 보통 '女士'를 붙인다. 한국어의 '贵下'에 해당하는 말은 '收', '启', '收启'이고, 특히 존경을 나타내는 말은 '台启', '台收'가 있다.

차례

I. 안부편지

1. 중국에서 알았던 어르신께 → 13
2. 선생님께 → 18
3. 중국 친구에게(1) → 22
4. 중국 친구에게(2) → 24
5. 중국 친구에게(3) → 26
6. 봄에 보내는 안부편지 → 29
7. 여름에 보내는 안부편지 → 34
8. 가을에 보내는 안부편지 → 37
9. 겨울에 보내는 안부편지 → 41
10. 환자에게 보내는 편지 → 44

II. 초청과 약속에 관한 편지

1. 친구를 집으로 초대할 때 쓰는 편지 → 47
2. 여행을 함께 가자고 청하는 편지 → 50
3. (2)에 대한 답장 → 53
4. 약속에 관한 편지 → 55
5. 회의를 개최하자는 편지 → 57
6. 초청을 거절하는 편지 → 59

● ● ● 권유의 편지

1 낙관적으로 삶을 꾸려가세요! ─● 63
2 일을 할 때 용두사미로 하지 말 것을 권고하는 편지 ─● 67
3 (2)에 대한 답장 ─● 70

● ● ● 부탁의 편지

1 친구에게 물건을 전해줄 것을 부탁할 때 ─● 75
2 (1)의 답장 ─● 78
3 선생님께 직장 알선을 부탁하는 편지 ─● 80
4 친구에게 책을 구입해줄 것을 부탁하는 편지 ─● 83
5 친구에게 집을 알아봐 달라는 편지 ─● 87
6 다른 사람의 e-mail주소를 알고자할 때 ─● 90
7 물가는 어떤지요? ─● 92

● ● ● 축하의 편지

1 결혼을 축하하며…… ─● 97   2 득남을 축하하며…… ─● 100
3 생일을 축하하며…… ─● 103   4 졸업을 축하하며…… ─● 105
5 개업을 축하하며…… ─● 109   6 승진을 축하하며…… ─● 111
7 (6) 편지에 대한 답장…… ─● 114

차 례

 ● ● ● 위로의 편지

1 부인상 당한 형을 위로하며…… ― 119
2 자식을 잃은 슬픔을 위로하며…… ― 122
3 모친상의 소식을 듣고…… ― 125
4 실연 당한 이를 위로하며…… ― 128
5 실업을 당한 친구를 위로하며…… ― 131
6 빨리 완쾌하시길 바랍니다.…… ― 134

 ● ● ● 업무에 관계되는 서신

1 ××선생님께 ― 137
2 ××씨께 ― 139
3 진×× 주임께 ― 141
4 ××화사 영업부 ××씨께 ― 142

 ● ● ● 차용에 관계되는 편지

1 책을 돌려주겠니? ― 145
2 ××~ 에게 ― 148
3 라디오를 돌려주길 바래…… ― 152
4 친구 집에 신세지려고 할 때…… ― 156
5 돈을 갚으며…… ― 158

중｜국｜어｜편｜지｜쓰｜기

 ● ● ● 연예편지

1 처음보내는 연애편지 ─● 161
2 우리가 예전에 만난적이 있었나요? ─● 165
3 (2)의 답장 ─● 169
4 짝사랑하는 여자친구에게 구애하는 편지 ─● 173
5 당신의 사랑을 받아드려요. ─● 181

 ● ● ● E-MAIL

1 e-mail · 1 ─● 187
2 e-mail · 2 ─● 190
3 e-mail · 3 ─● 194
4 e-mail · 4 ─● 197
5 e-mail · 5 ─● 199
6 e-mail · 6 ─● 201
7 e-mail · 7 ─● 203

 ● ● ● 메모

1 메모 · 1 ─● 211 2 메모 · 2 ─● 213
3 메모 · 3 ─● 214 4 메모 · 4 ─● 215
5 메모 · 5 ─● 217 6 메모 · 6 ─● 219
7 메모 · 7 ─● 220 8 메모 · 8 ─● 221

I. 안부편지

1 중국에서 알았던 어르신께

××어르신께 :

　두 분을 떠나온 지 벌써 1년여가 지났군요. 두 분과 함께 지냈던 날들을 돌이켜 볼 때마다 저를 친자식처럼 대해주셨던 정이 제 가슴속에 아로새겨지더군요. 이번 학기는 저의 마지막 대학생활이라 취업을 준비해야 하기에 학습과 생활이 정말 쉴 틈 없이 바빴습니다. 이러한 연유로 문안편지조차 드리지 못한 점에 대해 이번 기회에 대단히 죄송하다는 말씀을 드리며 두 분의 용서를 구함과 동시에 두 분의 건강과 집안의 화목, 그리고 만사형통을 기원합니다. 저는 어르신의 배려 덕분에 모든 일이 순조로우니 부디 걱정하지 마시기를 바랍니다. 저는 학교에서 선생님들의 관심어린 지도와 친구들 상호간의 끈끈한 협조하에, 공부하는 가운데 부딪치는 어려운 문제들을 연구 토론하며 삶의 희열을 느끼며 살아가고 있습니다. 다만 제 기초가 부실하고 이해력이 떨어져서 아무리 노력해도 수준향상은 더디기만 하고 강의 내용을 제것으로 소화하지 못하는 점이 부끄러울 따름입니다. 어르신의 자제 분은 어려서부터 영특하기 그지없으니 아마 학교 성적 역시 최상위권이겠지요. 이전에 자제분과 편지왕래 한 적이 있었는데, 편지에 적기를 이번 겨울방학 때 학교 학생회에서 주관하는 행사 참가 때문에 고향에서 방학을 보낼 수 없다고 하던데 정말 그런지요? 저는 다음달 6월에 졸업 시험이 끝나는 대로 중국에 갈까 합니다. 그때 꼭 찾아뵙고 문안 인사드리겠습니다.

날씨가 갈수록 추워지는군요. 두 분 건강에 유념하시길 바랍니다.

×××올림

×월 ×일

××尊前：

叩别二老已一年有余。回忆以往与二老一起生活的时候，二老对我关怀爱护有如己出，极为感念。本学期我作为应届毕业生，需准备就业，学习、生活均十分紧张，未能常写信问候，真是非常惭愧，还望二位赐谅。敬祈二老福体康泰，合府平安，诸事遂意，至祝至祷。

托××大人洪福，我一切均吉，敬请不必挂念。我住在学校，蒙老师亲切关怀，谆谆教诲；同窗间亲密无间，切磋探讨学习中所遇难题，生活得十分愉快。唯恨自己基础较差，悟性不高，虽不断努力，但进步仍很缓慢，所学功课，总难巩固，甚觉惭愧。令郎自小聪明过人，在校成绩一定名列前茅。以前我曾与他互通信函，据他信中谈及，寒假期间将参加学校学生会组织的活动，可能不会回家度假了，不知是否如此？我决定毕业考试结束之后即于下月六日去中国一趟，届时我一定专程到府上问候，天气将近酷寒，还请二位好好保重。敬请

金安！

×××谨上

×月 ×日

1) **叩別**[kòubié] : 작별하다. '叩'의 의미가 '머리를 바닥에 대고 조아리다.'의 의미이기에 연배가 위인 어르신들에게 쓰이는 文语식 용어이다.

   CF 이별할 때의 상황을 더욱 세밀하게 표현하기 위해 '~別' 형의 문형을 아래와 같이 사용한다.

   ▶ 握別 - 악수를 하고 헤어지다.
   ▶ 吻別 - 키스를 하고 헤어지다.
   ▶ 话別 - 이별의 말을 하고 헤어지다.

2) **关怀**[guānhuái] : 관심을 갖고 배려하다.

   CF '关心'과 '关怀'의 비교

   '关怀'는 '(어떤 일을) 관심을 갖고 중시한다.' 의 의미를 나타내는 경우와 '아랫사람이 위사람에게 관심을 갖는 경우'에는 사용할 수 없다.

   ⋯ 他们责怪学校领导不关心(＊关怀)学生的业余活动。(그들은 학교의 지도층 인사들이 학생들의 과외활동에 대해 관심을 갖지 않은 점을 책망했다.)
   ⋯ 领导关怀我们，我们也应该关心(＊关怀)领导。(지도자가 우리에게 관심을 갖고 있으니 우리도 지도자에게 관심을 가져야 된다.)

3) **爱护**[àihù] : 아끼고 보살피다.

   CF '爱护'와 '爱戴'의 비교

   ▶ '爱护'는 그 대상이 '사람이든 물건'이든 구애를 받지 않고, '윗사람의 아랫사람에 대한 애정'을 나타낼 때만 쓰인다. 이에 반해 '爱戴'는 오로지 그 대상이 사람에 국한되며 '아랫사람의 윗 사람에 대한 애정'에 국한된다. 즉 '爱戴'에는 '존경'의 의미가 포함되어 있다.

   ⋯ 李老师深受学生的爱戴(＊爱护)。
   (이 선생님은 학생들의 깊은 사랑을 받고 있다.)
   ⋯ 老师十分爱护(＊爱戴)我们。(선생님은 우리를 매우 아끼신다.)

4) **有如**[yǒurú]: 마치 ~과 같다, ~와 비슷하다.

   ▶ 她美得有如天仙。(그녀는 선녀같이 예쁘다.)

5) 己出 [jǐchū]: 자신이 낳은 자식.

6) 感念 [gǎnniàn]: 감사하여 마음에 새기다.

7) 福体康泰 [fútǐkāngtài]: 건강하시길 바랍니다. 이와 비슷한 표현으로는 '寿比南山, 福如东海(만수무강하셔서서 자손 대대로 복을 누리십시오)' 등이 있는 데 주로 생일 같은 때 축하의 말로 많이 쓰인다.

8) 合府平安 [héfǔpíng'ān]: 온 집안이 평온하고 화목하시길 바랍니다.

9) 诸事遂意 [zhūshìsuíyì]: 모든 일이 뜻대로 이루시길 바랍니다. 이와 비슷한 표현으로 '万事如意'이 있는 데, 본문에서 소개된 용어에 비해 훨씬 상용화 된 표현이다.

10) 托 [tuō]: ~의 덕을 입다.
    ▶ 都是托您的福。(모두 당신 덕분입니다.)

11) 蒙 [méng]: ~을 받아. 비슷한 표현으로는 '承蒙', '承' 등의 표현이 있다.
    ▶ 承蒙您的邀请, 在您家里渡过了一个愉快的周末。
    (당신의 초대를 받아 당신 집에서 유쾌한 주말을 보냈습니다.)

12) 谆谆教诲 [zhūnzhūnjiàohuì]: (윗사람이 아랫사람을) 정성스럽게 가르치다.

13) 相互 [xiānghù]: 서로, 상호간에.
    CF '相互'과 '互相'의 비교
    A. 서로 바꿔 쓸 수 있는 경우 - 동사를 수식할 때
    ⋯ 服务员互相(=相互)学习, 提高了服务质量。(종업원들은 서로간의 장점을 배워 서비스의 질을 높였다.)

B. 서로 바꿔 쓸 수 없는 경우 – 명사를 수식하거나, '~间'이나 '~之间'과 함께 쓰이는 경우. 본 문에서 쓰인 '相互'는 '互相'으로 바꿔쓸 수 없다.

⋯▸ 彼此之间应该建立和谐的相互(*互相)关系。
(서로간에 화합하는 상호관계를 형성시켜야 한다.)

14) **切磋探讨**[qiēcuōtàntǎo] : 절차탁마하다. 비슷한 표현으로는 '切磋琢磨'가 있다.

15) **悟性**[wùxìng] : 이해력.
  ▶ 他悟性很高, 会明白我的意思的。
    (그는 이해력이 좋으니 내 뜻을 이해할 것이다.)

16) **缓慢**[huǎnmàn] : '느리다, 더디다.'의 의미인데, 주의할 점은 '사람의 성격'에는 쓸 수 없다는 점이다.
  ▶ 火车缓慢地开进了北京站。(기차가 천천히 북경 역으로 들어섰다.)
  ▶ 他性格温和(*缓慢), 对人很有礼貌。
    (그의 성격은 온화해서 사람들에게 매우 예의바르다.)
  ▶ 他是个慢性子(*缓慢)的人。(그는 아주 느려터진 사람이다.)

17) **令郎**[lìngláng] : 자제분.
  (참고) 남의 가족을 지칭할 때는 '令~'을 사용하여 표현하고, 자신의 가족을 나타낼 때는 '家~'나 '舍~'라고 표현한다.

	상대방 가족	자신의 가족
부 모	令尊, 令堂	家父, 家母
자 녀	令郎, 令媛	小儿, 小女
형 제	令兄, 令弟	家兄, 舍弟
자 매	令姐, 令妹	家姐, 舍妹

18) **名列前茅**[mínglièqiánmáo] : 석차가(서열이) 앞(위)에 있다.

2 선생님께

××선생님께:

　봄바람이 대지를 따뜻하게 감싸고, 정원에 가득한 복숭아와 오얏나무는 봄의 품속에서 신선한 꽃 봉우리를 피워내고 있습니다. 저는 이러한 경치를 보며 옛날 중국사람이 봄바람을 선생님에, 복숭아와 오얏을 학생에 비유한 것이 얼마나 적절한 것인지를 깨닫게 됩니다. 선생님은 학생에게 정말로 '봄바람'과도 같이 그들이 복숭아나 오얏나무처럼 꽃 봉우리를 터트릴 수 있게 해주는 은덕을 베풀어 주십니다. 저는 지금 매일 집에서 가사일을 도우며 항상 예전에 배웠던 학습내용을 복습하며, 선생님께서 제게 말해주셨던 '온고지신'의 교훈을 가슴속 깊이 새기고 있습니다.

　학교가 이미 개강을 했다고 하는데 선생님께서도 무척 바쁘시겠죠? 선생님의 귀중한 시간을 더 이상 뺏을 수 없어 저는 이만 글을 접을까 합니다. 안녕히 계십시오.

　　　　　　　　　　　　　　　　　　학생×× 올림

　　　　　　　　　　　　　　　　　　×월 ×일

×××老师：

　春风吹暖大地，满园桃李 在春天的怀抱里盛开着鲜艳的花朵。我由此情景想到古人用春风来比喻老师、用桃李来比喻学生是多么贴切。老师对学生的确象春风，有春风吹开桃李花朵的恩德。

　我现在除了每天处理一些琐事之外，时常温习功课，心底牢记着老师对我说的那句古训："温故而知新"。
　　闻母校现已开学。老师一定很忙吧？今天就写到这里，以免耽误您宝贵的时间。
　　再见
　　祝您健康！

学生××谨上
×月×日

1) **情景**[qíngjǐng] : 정경, 장면, 광경. 주의할 점은 이 단어는 단독으로 쓰이지 않고 반드시 수식어를 동반하여야 한다는 것이다. 하지만 아래 두 번째 예문과 같이 '시끌벅적한 상황'은 '情景'을 쓸 수 없다.

   ▶ 她回忆起了去年祖母过生日的情景。
   (그녀는 작년 할머니의 생일을 쇠시던 장면을 떠올렸다.)

   ▶ 马路上有两个人打架，我站在旁边看热闹(＊情景)。
   (큰길에서 두 사람이 싸우는 데, 나는 옆에 서서 그 광경을 구경했다.)

2) **贴切**[tiēqiè] : 딱 맞다, 적절하다, 알맞다.

   ▶ 这样形容，再贴切不过了。(이렇게 형용하는 것은 더 없이 적절하다.)

3) **忘记**[wàngjì] : 잊어버리다. 결과보어와 함께 쓰이지 못한다.

   ▶ 多年不用，学过的汉语都忘(＊忘记)光了。
   (여러 해를 안 쓰다보니 예전에 배웠던 중국어를 모조리 잊어버렸다.)

4) **怎么**[zěnme] : '怎么'는 다음과 같은 5가지의 의미를 가지고 있다.

   A. 상황, 방식, 원인 따위를 물어볼 때 쓰임.

   ⋯▶ 他怎么来的？- 他坐飞机来的。
   (그는 어떻게 왔지요？- 비행기 타고 왔습니다.)

I. 안부편지

B. 화자의 기대에 어긋나는 결과에 대한 물음.

⋯▶ 他怎么也来了? (그는 어떻게 왔지요? - 화자는 그가 안 올 것이라고 생각했는데 그가 와서 이상하게 생각되는 어감을 갖고 있음.)

C. '놀람'의 어감을 가지고 있음. 문장의 첫 머리에 온다.

⋯▶ 怎么, 他也来了? (뭐라구? 그도 왔다구?)

D. 부정어와 함께 쓰인 경우로 '不很'와 '不太' 등의 의미로 '부분 부정'의 의미로 쓰인 경우이다.

⋯▶ 他不怎么来。 (그는 그다지 자주 오지 않는다.)

E. 반문의 어감을 가지고 있어서 '당연히 ~ 하지 않는다.'의 의미로 쓰인 경우이다.

⋯▶ 他怎么会来呢? (그가 어찌 오겠는가? - 당연히 오지 않을 것이다.)

5) **温习** [wēnxí] : 복습하다. 동의어로는 '复习'이 있다.

▶ 他每天温习学过的内容。 (그는 매일 배운 내용을 복습한다.)

6) **牢记** [láojì] : 명심하다. 확실하게 기억하다.

⋯▶ 我要牢牢记住这些单词。 (나는 이 단어들을 확실하게 암기하려 한다.)

7) **不再多说了** [bú zài duō shuō le] : 더 이상 말하지 않으려고 합니다. '그만 글을 줄인다.'의 의미이다. 비슷한 표현은 아래와 같다.

▶ 口语 - 今天就写到这儿吧 (오늘은 여기까지 쓰도록 하겠습니다.)

▶ 书面语 - 就此草草置笔 (졸필을 여기서 줄이겠습니다.)

8) **以免** [yǐmiǎn] : ~하지 않도록, ~하지 않기 위해.

CF '以免'와 '省得'의 비교

기본적으로는 같은 의미로 쓰이지만 '以免'은 '省得'와 달리 뒤에 동사의 기본형이 오지 못한다.

⋯▸ 把水龙头开小一点儿，省得(以免)浪费。
(낭비하지 않도록 수도를 조금 줄여서 틀도록 해라.)

9) **耽误**[dānwu] : 지체하다, 시간을 허비하다. 중첩하여 사용할 수 없다.

⋯▸ 别再耽误工夫了，有什么你就直说吧。
(더 이상 시간 허비하지 말고 단도직입적으로 말해라.)

10) **宝贵**[bǎoguì] : 귀중한, 소중한.

> **CF** '宝贵' 와 '珍贵' 의 비교
>
> '宝贵' 는 주로 '추상적인 대상' 을 가리키고, '珍贵' 는 '구체적인 대상' 을 형용하는 데 쓰인다. 또 전자는 '매우 얻기 힘든 것' 을 가리키고, 후자는 '의미가 있거나 좋아할만하고 소장가치가 있는 대상' 을 가리킨다.

宝贵的经验 (귀중한 경험)	宝贵的意见 (귀한 의견)
宝贵的生命 (소중한 생명)	宝贵的时间 (소중한 시간)
宝贵的精神 (고귀한 정신)	珍贵的纪念品 (진귀한 기념품)
珍贵的礼物 (진귀한 선물)	珍贵的邮票 (진귀한 우표)
珍贵的衣服 (진귀한 의복)	珍贵的友谊 (진귀한 우정)

③ 중국 친구에게 (1)

××:

작년에 헤어진 후로 벌써 1년여가 지났구나. 예전에 매일 교정을 너와 함께 거닐고, 교실에 앉아 토론하고 하던 일이 마치 어제와 같이 느껴진다. 인생의 만남과 헤어짐이 우리들에게 끝없는 상심을 남겨 주리라고는 예전에 미처 몰랐지. 듣자하니 네가 요즘 의상 디자인반을 설립하여 주위 사람들의 호평을 받는다던데, 네가 하던 대로 밀고 나간다면 우리 여학생들이 명예를 드높일 뿐만 교육을 받지 못한 여성들이 경제적인 독립할 수 있는 능력을 배양 할 수 있는 좋은 기회를 줄 수 있을 것이다. 나도 올해 졸업하게 되는구나. 졸업 후에 본교의 대학원에 응시할 건데 합격여부는 장담하기 힘들구나. 이 일에 관해서 너의 조언을 바란다. 잘 지내길 바라며.

××로부터

×월 ×일

××:

　　从去年分别后，一年又已过去。想起从前天天和你在校园里并肩散步，在教室里同坐讨论，仿佛还是昨天的事。不料人生聚散难免，让人无限惆怅！

　　前不久听说你正在倡办服装裁剪班，很得大家称道。这不独替我们女同学争得光荣，也为未受教育的女子培养独立能力提供很好的机会。

　　我也将在今年毕业。我打算毕业后报考本校研究生，不知有

> 没有录取的希望？此事，还望你多多指教。并祝安乐！
> 　　　　　　　　　　　××敬上
> 　　　　　　　　　　　　×月×日

1) **人生聚散** [rénshēngjùsàn] : 인생 여정중의 만남과 헤어짐.

2) **惆怅** [chóuchàng] : 실망하는 모양.

3) **倡办** [chàngbàn] : 창설하다, 창립하다.

4) **不独 = 不但 ~** : ~뿐 만 아니라. 연용되는 접사에 따라 그 쓰임이 달라진다.

    A-1. '而且', '也', '还' 등과 연용 되는 경우 – 앞 절의 내용에 비해 뒷 절의 내용이 한 층 더 심화된 어감을 나타낸다.
    ⇢ 看来他是地道的东北人，南方的荔枝不但没吃过，而且没见过。(보기에 그는 전형적인 동북지방 사람이어서 남방 지역의 여지는 먹어 보지 못했을 뿐 아니라, 본 적도 없다.)

    A-2. 앞, 뒷절의 주어가 같을 때는 '不但'이 일반적으로 주어뒤에 오고, 주어가 다를 때는 일반적으로 주어의 뒤에 온다.
    ⇢ 小明不但聪明，学习也很努力。(명군은 총명할 뿐 아니라, 공부도 열심이다.) / 不但学生都来了，老师也都来了。(학생들이 다 왔을 뿐 아니라, 선생님들도 모두 오셨다.)

    B. '反而'나 '反倒'가 쓰였을 경우
    ⇢ 吃了药不但不见好，反倒严重了。
    (약을 먹고서 효과가 없을 뿐 아니라, 오히려 더 심해졌다.)

5) **录取** [lùqǔ] : 합격하다, 채용되다.
    ▶ 他被北京大学录取了。(그는 북경대학에 합격했다.)

4 중국친구에게 (2)

××:
　오래간만이야. 무척 보고 싶구나. 방금 네가 보낸 편지를 읽고 네가 나를 염려하고 있음을 알았다. 너도 나의 편지를 읽게 된다면 아마도 널 생각하는 내 마음을 알게 될거야. 우리가 멀리 떨어져 있어 매일 만나지 못하고 또 매일 너와 이야기 할 수 없는 것이 정말로 안타깝구나. 그렇지만 이렇게 멀리 떨어져 있어도, 우리 두 사람의 서로 통하는 마음은 막지 못할 거야. 또 오래지 않아 여름 방학이 되면 꼭 중국에 가서 너와 함께 여행을 떠날까 한다. 어때?
　잘 지내길 바라며.

　　　　　　　　　　　　　　　　　　　　　××씀
　　　　　　　　　　　　　　　　　　　　　×월 ×일

××:
　　好久不见了, 想念得很! 刚才读了你寄来的信, 知道你在牵挂着我。你若读了我给你的信, 也可以知道我思念你的心情了。千里迢迢, 我们不能天天见面, 天天在一起闲谈, 实在非常遗憾! 但是, 千山万水也阻不住我们的两心相通。而且, 不久之后, 就到暑假了, 到时我一定去中国和你同游, 好吧?
　祝
快乐!　　　　　　　　　　　　　　　　××上
　　　　　　　　　　　　　　　　　　　　×月×日

1) **牵挂**[qiānguà] : 염려하다, 걱정하다. 비슷한 표현으로는 '挂念', '挂心', '悬念' 등이 있다.

   ▶ 我们都很好，请不必牵挂。
   (우리들은 모두 괜찮으니 부디 걱정하실 필요 없습니다.)

2) **千里迢迢**[qiānlǐtiáotiáo] : 길이나 노정이 아주 멀다. 비슷한 표현으로는 '万里迢迢'와 '迢迢千里'가 있다.

   ▶ 她跟着我千里迢迢来到这个陌生的地方，我一旦走了，她在这里举目无亲，可怎么好？(그녀는 나를 따라 머나먼 이 곳까지 왔는데, 내가 떠나게 되면, 그녀 혼자 이곳에서 어떻게 잘 지낼 수 있겠는가?)

3) **实在**[shízài] : 정말로, 확실히. '实在'는 쓰임에 따라 아래와 같이 3가지로 분류할 수 있다.

   A. 형용사로서 '사실이다, 확실하다.'의 의미일 때.
   ⋯▶ 这篇报告缺乏实在的内容。
   (이 보고서는 사실적인 내용이 결여되어 있다.)

   B. 부사로써 '확실히, 진정'의 의미로 쓰였을 경우.
   ⋯▶ 这部电影实在感人。(이 영화는 정말로 감동적이다.)

   C. 부사로써 '사실상, 실은'의 의미로 앞 절의 의미에 대한 수정의 어감이 있다.
   ⋯▶ 别看他表面不吭气，实在并不服气。
   (그가 겉으로 아무런 내색을 하지 않아도 실은 결코 수긍하지 않고있다.)

4) **千山万水**[qiānshānwànshuǐ] : 멀고 험한 길.

   ▶ 他越过千山万水来看我。(그는 산 넘고 물 건너 나를 보러 왔다.)

5 중국친구에게 (3)

××:

　생활에 쫓기다보니 너에게 편지를 쓸 시간도 없었구나. 아마 너는 먼 곳에 있는 친구를 탓하며 이렇게 말했겠지." 왜 이렇게 오래도록 짤막한 편지 하나도 보내오지 않지? 설마 글자 하나가 천금의 값어치가 되기라도 한 것은 아니겠지? ××야! 날 믿어줘. 내가 우리의 그 진실한 우정을 그렇게 쉽게 팽개치는 그런 사람이 아닌 것을…. 오늘 어렵게 시간이 나서 너에게 편지를 써 안부를 묻는다. 요즈음엔 어떻게 시간을 보내는지 궁금하구나. 다른 옛 친구들과는 연락이 되는지…. 이런 저런 궁금한 점들이 항상 머릿속을 맴도는구나.

　예전에 내가 북경에서 유학할 때 여름 방학 기간을 빌어 함께 항주에 같이 갔었지. 서호위에 배를 띄워 우리들의 기분이 내키는 대로 동에 갔다 서에 갔다 하던 것이 얼마나 즐겁던지. 지금 우리는 이렇게 멀리 떨어져 있고 우리의 모든 것이 달라졌구나. 정말 그때 일을 돌이켜 보면 마음이 벅차오르는구나. 너의 현재 상황이 나보다는 한가하니 편지 좀 자주 해주렴. 행복하길 바란다. 안녕!

××로부터
××년 ×월 ×일

××:

　我为了生活而忙碌，没有空闲的时间给你写信。

　(××)，我想你一定在责备你远方的友人，"怎么这么久都不见寄来片言只语？难道真的是一字值千金？"

（××），请相信我，我不是把我们那挚厚的友情轻易抛弃的薄情人。今天也是难得有空闲的一天，特地写信，向你致以诚挚的问候和敬意。不知你近来作何消遣？其他旧日好友，有否通信？……这些问号常在我脑里徘徊。

记得我以前在北京留学的时候，趁着暑假，我们一同去杭州，泛舟西湖，随意东西，多么的惬意。现在，天各一方，景象全非，实不堪回首。时间，在你的生活圈里，一定比我轻松，请你多多来信！

祝你快乐！

××上

××年×月×日

1) **一字值千金** [yīzìzhíqiānjīn] : 글자 하나가 천금의 값어치가 있다. 원래 의미는 '글이 훌륭하여 매우 높은 값어치가 있다.'이지만, 본문에서는 '자신의 글이 매우 값어치가 큰 것으로 생각하여 쉽사리 편지를 쓰지 않는다.'의 의미로 친구에 대한 질책의 어감이 담겨져 있다.

CF '一字值千金'와 '一字千钧'의 비교

양자의 의미는 비슷하지만, 그 어감의 차이를 밝히자면 전자가 '글의 가치'에 중점을 두고 있다면, 후자는 '글의 무게나 의미'에 중점을 둔 표현이라고 할 수 있다.

⋯▶ 如果流言属实，算起来是一字千金。
(만약에 소문이 사실이라면 대단한 가치가 있다고 할 수 있다.)

⋯▶ 小朴的舌头虽然不好使，但他的话却使人感到一字千钧。(박 군은 (혀가 짧던 지의 이유에 의해) 말을 잘 하는 것은 아니지만, 그의 말은 사람들을 감동시키는 힘이 있다.)

2) **挚厚**[zhìhòu] : 감정이 돈독하다.

3) **薄情人**[bóqíngrén] : 인정이 없는 사람, 박정한 사람.

4) **致以**[zhìyǐ] : (~의 뜻을) 나타내다, 전하다. '向~致以~'의 형식으로 사용된다.
   ▶ 我代表大学全体师生员工，向您们致以崇高的敬意。(저는 전체 대학의 교수, 학생, 교직원을 대표해서 당신들에게 숭고한 경의를 표합니다.)

5) **消遣**[xiāoqiǎn] : 소일거리하며 시간을 보내다, 여가를 보내다. 구어로 '耗'라는 동사로 표현하기도 한다.
   ⋯▶ 咱们在这儿耗着吧。(우리들 여기서 시간을 때우도록 하자.)

6) **时而~，时而~**[shíér~, shíér~] : 때로는 ~하고, 때로는 ~한다.
   ▶ 这几天时而晴天，时而下雨。
   (요즈음은 때로는 맑았다가 때로는 비가 내렸다가 한다.)

7) **多么**[duōme] : 감탄문에서 '얼마나, 오죽'의 의미이다.
   ▶ 北京的变化多么大呀！(북경의 변화가 얼마나 큰가?)

8) **惬意**[qièyì] : 흡족하다, 만족하다. 비슷한 의미로는 '惬懷'가 있다.

9) **不堪**[bùkān] : 견딜 수 없다.
   ▶ 别让他不堪了。(그를 너무 못견디게 하지 마시오.)

10) **实不堪回首了**[shíbùkānhuíshǒule] : 차마 지난 일을 돌이켜 볼 수 없다. 지난 일을 회상하면 가슴이 찢어진다.

6 봄에 보내는 안부편지

××형:

　버드나무 가지는 초록색 옷을 갈아 입고 복숭아꽃은 아리따운 자태를 뽐내며, 나뭇가지위의 꾀꼬리는 완곡한 노래를 불러주고 있습니다. 세월의 흐름이 정말 빠릅니다. 기러기는 떠나고 제비가 돌아오는 봄이 대지를 감싸고, 봄 내음 완연한 고운 햇님이 우리를 비추는군요. 형은 행복 가득한 새 천년을 맞아 모든 일이 매끄러운 시작을 했을 것이라고 믿습니다. 형의 사업도 이 봄과 같이 왕성하게 번창하고 형의 행복도 세월과 같이 쌓여가길 빌겠습니다. 제가 있는 이곳에서 형이 있을 그곳을 바라보니 너는 마치 하늘의 오색 구름처럼 활기차며 형의 앞날 역시 밝을 것이라고 생각됩니다. 저는 진심으로 행의 행복을 축원합니다. 저는 너무나 평범한 사람이기에 한 살 두 살 나이만 먹어갈 뿐 남다른 능력을 배양하지 못하고 별다른 성과도 없습니다. 일년 내내 여기저기 뛰여 다녀도 항상 남 좋은 일만 해주고 다니고…. 다행히 몸이 건강한 것이 형의 마음을 편안히 해줄 따름입니다. 오늘은 휴가 기간 중 한가한 틈을 타서 형에게 몇 줄 적어 안부를 전합니다. 이번 봄에도 만사형통하길 빕니다.

　　　　　　　　　　　　　　　동생 ×× 올림:
　　　　　　　　　　　　　　　　　　×월 ×일

××兄:

　柳条穿上了青绿的舞衣，桃花现出了娇美的姿容，枝头的黄莺唱出了婉转的歌儿，岁月如梭，雁去燕来，又是春回大地，风

I. 안부편지

和日丽的艳阳天。我想你在这快乐的千禧年里，生活一定幸福安好，一切事情都有良好的开始。希望你的事业也像春天一样蓬勃发展，你的福气也随着岁月增添。我在这里抬头远望，你仿佛是天空中的五彩云霞，欣欣向荣，前途灿烂。我衷心为你祝福。

　　我是一个平庸无能的人，虽然一年增长一岁，可是书剑不成，毫无成就。终年奔波，也无非代人作嫁而已。幸身体还算壮实，这点可以告慰老友，今日趁假期之便，特地写信问候！

敬祝

新春如意！

弟××上
×月×日

---

1) **着上**[zhuóshang] : 입다, 몸에 걸치다. 비슷한 표현으로는 '穿上'이 있다.

2) **娇美**[jiāoměi] : 귀엽고 아름답다, 아리땁다.

3) **姿容**[zīróng] : 용모, 자태, 모습.

4) **黄莺**[huángyīng] : 꾀꼬리.

5) **婉转**[wǎnzhuǎn] : 소리가 매우 듣기 좋다.

　　 '婉转'과 '悠扬'의 비교

양자 모두가 '소리가 매우 듣기 좋다.'라는 의미이지만, '婉转'의 경우는 '(말의 표현이) 매우 완곡하고, 은근하다.'의 의미를 나타내기도 한다.

　→ 在会议上，大家对他提出了很多意见，但措词婉转。(회의에서 모두들 그에게 많은 의견을 제시했지만 어투는 완곡했다.)

6) 风和日丽[fēnghérìlì] : 날씨가 화창하다. 비슷한 표현으로 '风和日暖' 와 '春光融融'이 있다.

7) 在这××的(季节, 日子)里 : ~한(시기나 계절)을 맞아. 文语式 표현으로는 '值~的季节'가 있다.

▶ 现在正是迎春花盛开的季节, ~ : 개나리가 만발하는 계절을 맞이하여, ~

8) 千禧年[qiānxǐnián] : 새 천년, 2000년을 가리킨다.

9) 蓬勃发展[péngbófāzhǎn] : 왕성하게 전개되다.

10) 福气[fúqi] : 복, 행운.

▶ 这次你能中彩, 说明你确实有福气。(이번에 복권에 당첨될 수 있었던 것은 네가 확실히 복을 타고났다고 할 수 있겠지.)

11) 增添[zēngtiān] : 더하다, 늘어나다.

▶ 在休息时间进行的娱乐活动给我们增添了更多的趣味。
(휴식시간에 갖는 오락 활동은 우리들의 흥미를 더욱 고조 시켰다.)

12) 抬头远望[táitóuyuǎnwàng] : 고개를 들어 멀리 바라보다.

13) 欣欣向荣[xīnxīnxiàngróng] : 활기차다, 초목이 무성하다.

▶ 党实行改革开放政策, 人们心情舒畅, 情绪高涨, 怎能不出现欣欣向荣的局面呢？(당이 개혁개방정책을 실행함에 따라 사람들의 마음이 편안해지고, 정서가 고조되는 데, 어찌 활기에 찬 국면이 출현하지 않겠는가?)

14) 前途灿烂[qiántúcànlàn] : 전도가 유망하다. 비슷한 표현으로는 '鹏程万里'가 있다. 그 반대 의미로는 '前途渺茫'이 있다.

▶ 有了先进的思想和先进的技术，就好比添了两个翅膀一样，能够振翼高飞，鹏程万里。(선진 사상과 기술이 있으면 양 날개를 단 것과 같아서 날개 짓을 해서 높이 비상할 수 있으니, 앞날의 발전이 보장 받게 된다.)

15) 平庸无能 [píngyōngwúnéng] : 평범하고 무능하다.

16) 书剑不成 [shūjiànbùchéng] : 문무를 갖추지 못하다.

17) 奔波 [bēnbō] : 바쁘게 뛰어 다니다.

▶ 我奔波了一辈子，却一无所有。
(나는 일생을 바쁘게 뛰어 다니지만 아무것도 얻지 못했다.)

18) 无非 [wúfēi] : 단지 ~에 지나지 않는다. '不过'나 '只'의 의미로 쓰이고 있지 아래 두 번째 예문에서의 '不要'와 같은 금지나 권유의 의미는 없다.

▶ 那里什么东西都有，无非贵点儿。
(그 곳에는 어떤 물건이든 다 있지만, 단지 조금 비싸다.)

19) 作嫁 [zuòjià] : 남 좋은 일을 하다, 남을 위해 일하다.

CF '乐于助人'의 경우는 '자신이 자발적으로 남을 돕는 것'이라면, '作嫁'는 '자신이 의도하지 않았는 데 일의 결과가 남 좋은 일을 하게 되었다.'라는 의미로 서로 차이가 난다.

20) 而已 [éryǐ] : ~만, ~뿐. 진술하는 의미를 축소하려는 어감을 가지고 있다. 일반적으로 '不过', '只', '往' 등과 연용하여 쓰인다.

▶ 他仅仅是开个玩笑而已，大家不必当真。
(그가 단지 농담한 것이니 모두들 너무 진지하게 받아들이지 마세요.)

21) 幸 [xìng] : 다행히, 요행히. 비슷한 표현으로는 '幸亏'가 있다.

▶ 幸亏你提醒我，不然就要误事了。(다행히 네가 나를 일깨워 주기 망

정이지, 아니었으면 일을 그르칠 뻔했다.)

22) 壮实 [zhuàngshi] : 튼튼하다, 건강하다.
   ▶ 把身体锻炼得很壮实。(몸을 아주 튼튼하게 단련했다.)

23) 告慰 [gàowèi] : 위로하다.

7 여름에 보내는 안부편지

××께:
　창 밖의 태양이 온통 찜통으로 만들고 있군요. 이런 날씨에 일 하니 얼마나 힘드십니까? 시간이 정말 빨리 지나갑니다. 우리가 예전에 푸른 물결이 거울 같은 호수에서 노를 젓고 파릇한 잔디가 주단처럼 깔려있는 공원을 산책하던 때가 마치 어제 일 같습니다. 제가 써준 시가 기억나십니까? 문장이 수려하진 않지만 정 만큼은 간절했었죠!
　참으로 여름은 짜증나는 계절 같습니다. 한 낮에 침대에 누우면 창 밖에 매미 울음소리가 가득해 쉴래야 쉴 수가 없군요. 우리 부부 모두가 당신이 서울에 한번 오시길 바랍니다. 이곳 여름이 당신이 사는 곳 보다는 지내기가 좋거든요. 아침 저녁으로 신선한 바람이 불고 한 낮엔 방안에 누워도 편안합니다. 만약 조건이 허락되면 이곳에 피서오길 바래요. 떠나기 전에 미리 연락주십시오. 우리가 준비를 하고 당신을 맞을 수 있도록 다른 얘기는 만나서 하죠. 너와 부인이 행복하시길….
　　　　　　　　　　　　　　　　　　　　　××올림
　　　　　　　　　　　　　　　　　　　　　×월 ×일

××如晤:
　窗外的太阳像火盆一样烤人，想您在这样的天气里工作，一定是很辛苦的。时间过得多快呀！我们以前在碧波如镜的湖面上荡舟，在绿草茵茵的公园里散步，这一切就好象是昨天发生的事情。还记得我为您写的那首诗吗？句子不算美，情谊却是真切的。

唉！夏天是一个恼人的季节。中午躺在床上，窗外知了的叫声响成一片，让人怎么也无法入睡。

我夫妻俩都盼着你来汉城一趟。这里的夏天比你那里好过得多，早晚凉风阵阵，中午若躲在屋里也还算舒适。若你情况允许的话，还望来我处避暑。动身之前清早日通知，我也好扫榻以待。见面后我门再把酒淡畅。

祝你和嫂夫人好！

弟×× 上
×月×日

1) **如晤**[rúwù]：앞. 전상서. 비슷한 표현으로는 아래와 같은 표현들이 있다.
    - ▶ 父母亲大人膝下 (부모님 전상서)
    - ▶ 伯父大人尊前 (큰아버님께)
    - ▶ ~弟如面 (~동생에게)

2) **火盆**[huǒpén]：화로.

3) **碧波如镜**[bìbōrújìng]：푸른 물결이 거울과 같은.

4) **荡舟**[dàngzhōu]：배를 젓다.
    - ▶ 我们在湖面上荡舟。(우리는 호수에서 배를 젓는다.)

5) **绿草茵茵**[lǜcǎoyīnyīn]：푸른 풀이 융단처럼 깔려져 있다.

6) 真切[zhēnqiè] : 성실하다, 진지하다, 뚜렷하다.

   ▶ 站在高楼上，广场上表演的舞龙看得十分真切。(고층 건물 위에 서자 광장에서 공연되고 있는 용춤이 매우 뚜렷하게 보였다.)

7) 恼人[nǎorén] : 짜증나게 한다.

   ▶ 山野小店，闷热不说，最恼人的是臭虫，搅得你一宿不得安宁。(산속의 작은 여관은 더운 것은 말하지 않더라도, 가장 짜증나게 하는 것은 바로 빈대인데, 밤새 편안할 수가 없다.)

8) 知了[zhīliǎo] : 매미. 文语식 표현은 '蝉'이다.

9) 阵阵[zhènzhèn] : 잠시 지속되는 현상을 나타냄, '간간이~하다.'의 의미로 볼 수 있다.

10) 扫榻以待[sǎotàyǐdài] : 침상의 먼지를 털고 손님을 맞다, 만반의 준비를 갖춰 놓고 손님을 환영하다.

8 가을에 보내는 안부편지

××에게:

오랫동안 너의 편지를 받지 못했구나. 한해가 지나는 것이 참으로 빨라 벌써 또 추석이 되는구나. 먼 산의 낙엽을 바라보니 그 붉음이 한층 더 해져 구름 같기도, 노을 같기도 하구나. 네가 만약 여기에 있다면 함께 단풍 구경 갈 수도 있을테고 또 흥이나면 술 한잔 할수도 있을텐데…. 중국 옛 사람들의 말처럼 "국화의 단아함은 현인과 같아서 시대가 기울어도 그 정조를 지키며, 세상과 영욕을 다투지 않고 홀로 산야에 그 기상을 지키네." 이 얼마나 위대한 지조인가!

내가 보기에 우리 친구들 중에서 단지 너만이 한없이 겸손하면서, 또 그 품은 뜻은 원대하니 정말 탄복할 따름이다. 너는 항상 근면하여 (모든 일에)정성을 기울이며 공명을 초월하니 생활이 그토록 평온하고 안정되지 않았나 싶다. 세상사를 겪으며 살아온 나로서 오늘에야 비로소 너의 행복을 이해하겠구나. 듣자하니 네가 해외 여행을 떠난다고 하던데, 가능하면 한국에 와서 함께 설악산의 단풍을 보러가지 않을래? 내 생각에는 이 여행은 우리들의 번뇌를 없애줄 수 있을 것 같아. 기다릴께!

××로부터

×월 ×일

××:

好像有很长时间没收到你的信了。一年一年过得真快，眼看又到中秋节了。看远山的枫叶又红了一层，如云如霞。你如果在这里的话，我们可以一块去看枫叶，高兴的话还可以喝上一杯。

中国古人说得好，"菊花淡雅好象贤人，晚节又似贞操，不和世界争荣利，独傲山野"。这种情操是何等的伟大！

在我们这一代许多亲朋好友中，只有你虚怀若谷，志向高远，令人佩服得五体投地。你一向是勤劳耕耘，淡泊功利，所以才活得十分平静、安宁。经过世事的我，今日方了解你的幸福。

听说你马上要出国旅游。可能的话，望你来韩国，我门结伴去赏一赏雪岳山的枫叶，足可使我们忘记烦恼。

等着你！

×× 上

× 月 × 日

---

1) **枫叶** [fēngyè]：단풍.

2) **如云如霞** [rúyúnrúxió]：구름 같기도 하고, 노을 같기도 한.

3) **淡雅** [dànyǎ]：말쑥하고 우아하다.
    ▶ 公园整修得淡雅。(공원이 꽤 아담하게 꾸며졌다.)

4) **晚节** [wǎnjié]：만년의 절조, (한 시대의) 말엽, 말기.

5) **贞操** [zhēncāo]：정조, 절조, 지조.

6) **不和世界争荣利** [bùhé shìjiè zhēng rónglì]：세상과 이익이나 명예를 다투지 않는다.

7) **情操** [qíngcāo] : 정조.

8) **敬佩** [jìngpèi] : 탄복하다.

> ▶ 全所上下都非常敬佩李先生的学识和为人。(윗 사람, 아랫사람 할 것 없이 이 선생의 학식과 사람됨에 매우 탄복한다.)

> **CF** '敬佩'와 '佩服'의 비교

'敬佩'는 '佩服'에 비해 어감이 더 장중하며, 그 쓰임에 있어서도 '佩服'가 작은 일이나 큰 일에 쓰일 수 있는 데 비해 '敬佩'는 큰 일에 쓰이지 작은 일에는 쓰이지 않는다.

9) **认为** [rènwéi] : ~ 라고 여기다, 생각하다.

> **CF** '认为'와 '以为'의 비교

양자의 의미가 비슷하기에 학습자들은 일반적으로 혼용해서 쓰는 경우가 허다하다. 그렇다면 아래에 제시된 두 예문의 의미는 동일하다고 할 수 있는지를 먼저 알아보자.

> ▶ 我认为今天不会下雨。 / 我以为今天不会下雨。

'认为'는 일반적으로 '화자가 객관적인 자세에서 내린 판단'이라는 어감을 가지고 있다면, '以为'는 '화자가 자신의 내린 판단이나 생각이 잘못되었음을 시인하는 어감'을 갖고 있다. 다시말하면 '以为'가 쓰인 상기 예문의 두 번째 예문은 '오늘은 비가 오지 않을 것이다.' 라고 화자가 미리 판단했지만 결과는 '비가 내렸을 때'에 쓰는 말이다.

> ▶ 我认为这件事肯定不是小朴干的。(나는 이 일은 박군이 절대 한 것이 아니라고 여기고 있다.)

> ▶ (看到商品上印着 Made in China 后说)"我以为是进口的呢。"
> (상품에 새겨진 Made in China를 본 후에 "나는 수입품인 줄 알았지.")

10) **虚怀若谷** [xūhuáiruògǔ] : 겸허한 마음이 산골짜기 만큼 깊다, 속이 한 없이 넓다, 매우 겸허하다.

▶ 他对别人的优点，常坚持学习的态度，真可谓虚怀若谷。(그는 다른 사람의 장점을 항상 배우려고 하는 태도를 가지고 있기에 정말 겸허한 마음의 소유자라고 할 수 있다.)

11) 勤劳[qínláo] : 근면하게, 부지런하게. '勤劳'는 '사람의 품성'과 관계되는 용어이기에 아래 두 번째 예문처럼 '업무' 방면에는 쓰이지 못한다.

▶ 爸爸是个勤劳的农民。(아빠는 성실한 농민이다.)
▶ 他的工作和我的工作一样辛苦(*勤劳)。
 (그의 일이나 내 일이나 똑같이 힘들다.)

12) 耕耘[gēngyún] : 정신과 노력을 기울이다.

▶ 辛勤耕耘，终成硕果。
 (열심히 노력을 기울여서 결국 큰 성과를 거두었다.)

13) 淡泊[dànbó] : 담백하다, 욕심이 없다, 공명을 초월하다.

▶ 他对名誉和金钱很淡泊。(그는 명예와 금전에 매우 욕심이 없다.)

14) 足[zú] : 충분히, 족히.

▶ 实验的结果足以证明我们的设想是正确的。
 (실험결과는 우리들의 가설이 정확하다는 것을 증명하기에 충분하다.)

9 겨울에 보내는 안부편지

××:

　내 기억에 그해 겨울은 참으로 추웠었는데, 지금 또 온 세상이 은빛으로 변했구나. 일기예보를 들으니 또 찬바람이 몰려온다고 그러구나. 내가 그때 시장에서 너에게 그 빨간색 오리털 조끼를 사주지 않은 것이 정말 후회 되는 구나. 너는 지금 난로 곁에서 불을 쬐고 있겠지? 손가락이 얼면 글을 쓸 수 없을 테니까 말이야.

　고개를 들면 보이는 책상위의 사진이 또 나를 눈물나게 하는구나. 우리가 헤어진지도 1년여가 되는구나. 몹시 보고싶다. 네가 보고 싶을 때마다 내 마음은 형언할수 없는 감정에 사로 잡히는 구나. 요즘에 나는 졸업 논문 준비로 아주 바쁘다. 이곳 날씨도 무척 춥지만 어떻게 네가 사는 길림성의 추위에 비하겠니? 어찌보면 내가 행복에 겨운 것 같구나. 건경에 유의하길 바래. 보고싶다.

××가
×월 ×일

××:

　我还记得那年的冬天是很冷的，现在又是银色的世界。天气预报上说，寒流又来了。我真后悔那天在市场上没有给你买那件大红的羽绒背心。想你一定正围着火炉取暖，冻僵的手指没法写字。

　抬起头来，桌上的照片又惹出我许多眼泪。分手已有一年多了。特别想你，每次想你时，心理说不出是何滋味。

最近我正准备毕业论文，很忙。这里的天气也很冷，但与严寒的吉林相比又算什么呢！我算是生在福中了。望你保重身体为祷。

　　好想你！

××上

×月×日

---

1) **羽绒**[yúróng] : 오리털, '오리털 파카'는 '羽绒服'라고 한다.

2) **取暖**[qǔnuǎn] : 온기를 받다, 따뜻하게 하다. 난방비는 '暖气费'라고 한다.

3) **背心**[bèixīn] : 조끼.

4) **滋味**[zīwèi] : 기분, 심정, 마음.

   ▶ 没有失恋过的人根本不知道失恋的滋味多么痛苦。
   (실연 당하지 않은 사람은 실연의 아픔이 얼마나 아픈지를 모른다.)

5) **生在福中**[shēngzàifúzhōng] : 행복한 환경에서 살고 있다.

6) **望~为祷**[wàng~wèidǎo] : ~하길 간절히 바란다.

   CF 서신이 본문과 같은 안부편지일 경우에는 '望~为祷'의 구문으로 '상대방의 건강이나 사업등의 번창하길 바란다'의 내용으로 끝을 맺지만, 부탁편지의 경우는 **文语**에서 '请(望)~为荷'라는 구문으로 '~해주시면 감사하겠습니다.'의 의미를 표현한다.

   ▶ 若有需要，请用电子邮件联系为荷。
   (필요하실 경우, e-mail로 연락해주십시오.)

CF '咱们'과 '我们'의 비교

'咱们'는 중국의 북방에서 주로 쓰이는 말로써 '청자까지 포함된 개념'의 단어이다. 도식화해보면 아래와 같다.

咱们 = 我们 + 你们

설명을 용이하게 하기위해 대화를 통해 비교해보도록 하자. 일단 상황을 'A, B, C, D, E)이라는 5사람이 대화를 나누고 있다고 가정해보자.

A : 我们(A, B, C)是外大的学生, 你们(D, E)是哪个学校的？
(우리는(A, B, C) 외대학생인데, 너희는(D, E) 어디 다니니?)

D : 我们(D, E)也是外大的。(우리도 역시 외대학생이다.)

B : 哦, 那咱们(A, B, C, D, E)是同一个学校的。我们(A, B, C)去看电影, 你们呢？(어, 그러면 우리는(A, B, C, D, E) 같은 학교 학생이네. 우리는(A, B, C)는 영화 보러갈텐데 너희는 어쩔거니?)

E : 我们(D, E)也去看电影。(우리도(A, B, C) 영화 보러갈꺼야.)

C : 时间不早了, 咱们(A, B, C, D, E)快走吧。
(시간이 늦었다. 우리(A, B, C, D, E) 빨리 가도록 하자.)

10 환자에게 보내는 안부편지

××:

우리가 헤어진 지 한달 여가 되었지만 너는 항상 나의 그리움 속에서 맴도는 구나. 이전에 너의 편지를 받고서야 네가 ×× 병에 걸려서 입원 치료 중이라는 것을 알았다. 그런 병은 의학이 발달된 오늘 같은 세상에선 쉽게 치료된다더라. 또 네가 빨리 발견하여 제때에 치료를 하고 있으니 반드시 완쾌될 것으로 생각된다. 네가 병원에서 정성껏 몸 조리한 후 몸 상태가 완전히 회복되어 퇴원하길 바랄 뿐이다. 우리는 모두가 육체적 노동을 통해 생계를 꾸려가는 사람이니, 몸에 별다른 이상이 없어야 우리 생활도 비로소 보장되지 않겠니? 몸조리 잘 하길 바란다.

××로부터

×월 ×일

××:

我们分别的时间虽然已有一个多月, 可是你常在我怀念中萦回。前日, 我收到你的来信才得知你患了××病, 已人院治疗。这种病, 在医药进步的时代, 很容易治愈。你发现得早, 治疗得又及时, 想必很快就可痊愈。惟望你在医院里精心调理, 直到完全康复再出院。

我们的工作生活都是靠身体, 不让身体受损, 我们的生活才有保障。请你好好休养。

为你祝福!

```
                                    ××上
                                         ×月×日
```

1) **怀念**[huáiniàn] : 그리워 하다.

   ▶ 今天是中秋佳节，他又怀念故乡的亲人了。
   (오늘은 중추절인지 그는 고향사람들이 또 다시 그리워지기 시작했다.)

2) **萦回**[yínghuí] : 감돌다, 맴돌다.

   CF '萦绕'와 의 비교

   두 어휘의 차이점은 '萦回'가 '在~里萦回' 구조인데 반해, '萦绕'는 '萦绕在~里'의 구조를 가지는 점이다. 또 '萦回' 구조에서는 '在'가 '怀念中, 心里, 脑海里' 등 다양한 빈어를 갖는데 비해 '萦绕'는 일반적으로 '脑海里'를 빈어로 갖는다.

3) **精心**[jīngxīn] : 정성껏, 성심성의껏.

   ▶ 那位科学家精心培育出的良种，很受农民的欢迎。
   (그 과학자가 정성껏 배양해낸 우수한 종자는 농민들의 큰 환영을 받았다.)

4) **调理**[tiáolǐ] : 몸조리 하다.

5) **完全康复**[wànquánkāngfù] : 완전히 건강을 회복하다.

II. 초청과 약속에 관한 편지

1 친구를 집으로 초대할 때 쓰는 편지

××:
　안 만난지 벌써 한달 여가 지났구나. 너는 요즘에 잘 지내니? 일년 내내 분주하게 지내다가 어렵사리 짬이 나서 요즘엔 며칠 간 집에서 쉬고 있다. 이 기회에 친한 친구 몇 명을 초청해 함께 이야기나 나눌까 하는데, 시간은 ○日 ○时, 우리집에다 조촐한 술자리를 준비할테니, 와서 옛 일을 이야기하자꾸나. 함께 할 친구는 ○○와 ○○ 두 명으로, 모두가 오랜 친구이니 모두 함께 술 한잔하며 흉금을 털어놓는다면, 아마 지금 우리가 상상치도 못한 즐거움을 느낄 수 있을거야.
　너는 나의 가장 가까운 친구이니 사양하지는 않겠지? 너도 두 친구를 보면 내가 실망하지 않도록 꼭 오라고 전해주길 바래.

××로부터

×월 ×일

××:
　分别已有一个多月，不知你近来可好？
　一年到头奔跑，难得有空，这几天在家休息，想邀几位知己聚一聚，时间定于某日某时，在寒舍小酌，请你也到我处叙叙旧，不知意下如何？请的是某某和某某二君，都是你我的好友，到时大家同饮畅谈，定有一番意想不到的快乐。

你是我最好的朋友，固然不会推辞。若逢某二位，也希望你顺便劝他们一定要来，免得我失望！

×× 上

× 月 × 日

1) **奔跑**[bēnpǎo] : 분주하게 뛰어 다니다, 본문에서는 '업무 때문에 바쁘게 살았다.'는 의미로 볼 수 있다.

▶ 不要在马路上奔跑，这样很容易出交通事故的。
(대로에서 뛰어다니지 말아라. 그러면 사고난다니까.)

2) **难得**[nándé] : ~하기는 어렵다. 모처럼 ~하다.

▶ 我们大家都认为他的建议是非常难得的好主意。
(우리 모두는 그의 건의가 아주 얻기 힘든 좋은 생각이라고 여긴다.)

3) **小酌**[xiǎozhuó] : 간단하게 한 잔하는 것, 조촐한 연회.

4) **叙叙旧**[xùxùjiù] : (친구간에) 옛 일을 얘기하다.

▶ 咱俩今天晚上痛痛快快地喝上几杯，叙叙旧吧。(우리 둘이서 오늘 저녁에 마음을 열고 술을 마시며 옛일을 이야기하도록 하자.)

5) **意想不到**[yìxiǎngbúdào] : 예기치도 않은, 본 문에서는 '상상할 수 없는'의 의미로 쓰였다.

▶ 令人意想不到的是她今天会突然回国。
(나는 그녀가 오늘 귀국하리라고는 생각지도 못했다.)

6) **推辞** [tuīcí] : (임명이나 요청 등을) 거절하다. 사양하다.

   ▶ 对于好朋友的邀请，我从来没有推辞过。(나는 절친한 친구의 초대를 거절해본 적이 없다.)
   ▶ '推辞'를 쓸 때에 주의할 점은 이 동사가 절대 목적어를 동반하지 않는다는 점이다.
   ⋯▶ 我谢绝(* 推辞)了他的邀请。(나는 그의 초청을 거절하였다.)

7) **顺便** [shùnbiàn] : ~하는 김에.

   ▶ 这次你去上海出差，顺便给我带一些书，好吗？(이번에 상해로 출장 갈 때, 간 김에 나한테 책 몇 권을 가져다주겠니?)
   ▶ '顺便'의 용법 상 주의할 점은 '어떤 목적의식을 가지고 일을 할 때'는 결코 '顺便'을 쓸 수 없다.
   ⋯▶ 为了见女朋友，一向不修边幅的小王，特意(* 顺便)刮了胡子。(여자친구를 만나기 위해 줄곧 외모에 신경 쓰지 않던 王군은 특별히 수염을 깎았다.)

8) **免得** [miǎndé] : 하지 않도록. 복문의 두 번째 절의 첫머리에 쓰여서, 첫 번째 절의 내용대로 하면 두 번째 절에서 제시된 일이나 상황을 피해갈 수 있음을 나타낸다. 한국어로 번역시에 주의할 점은 '免得'가 이끄는 두 번째 절의 해석내용을 앞 절의 내용 앞에 위치시켜서 '~하지 않도록 ~해라.'식으로 번역하도록 하자.

   ▶ 一到中国，你要马上给家里写信，免得家里人挂念。(가족들이 걱정하지 않도록 중국에 도착하자마자 집에 편지를 쓰도록 해라.)
   ▶ '免得'의 부정형은 '免不得' 이니 '不免得'로 쓰지 않도록 주의하자.
   ⋯▶ 参加会议的是各方代表，免不得(* 不免得)出现分歧。(각계의 대표들이 회의에 참가하였으니 의견이 엇갈리는 것은 피할 수 없다.)
   ▶ '免得'는 절대 동사로 쓰일 수 없다.
   ⋯▶ 为了避免(* 免得)被人发现，他走了另外一条路。(그는 다른 사람에게 들키지 않으려고 다른 길로 갔다.)

2 여행을 함께 가자고 청하는 편지

××에게:

　당신을 못 본지도 10여일 되었군요. 항상 당신에 대한 그리움이 마음 속에 자리하고 있습니다.

　저는 ××회사에 다니고 있는데, 매일 책상에 앉아 일만하니 생활이 매우 무미건조하더군요. 이렇게 봄빛이 완연한 날, 창 밖의 새의 지저 귐은 사람을 감동시키는군요. 이런 계절엔 좋은 경치가 있는 곳을 놀러 가기에 안성맞춤이죠. 그래서 오는 일요일엔 인천에 놀러갈까 해요. 인천은 풍경이 아름답고 신선한 생선회를 먹을 수도 있답니다. 또 그곳의 일부 숙소는 海水 목욕시설이 되어 있습니다. 당신은 서울에 온지 오래되지 않아 아마 아무데도 간 적이 없겠죠. 때문에 이렇게 편지를 써서 당신을 초대합니다. 또 ××도 같이 가기로 했으니, 만약 놀러갈 생각이 있으면 같이 출발할 수 있게 일요일 7시까지 저의 집에 오시길 바랍니다.

　　　　　　　　　　　　　　　　　　　　　　××로부터

　　　　　　　　　　　　　　　　　　　　　　　　×월 ×일

××兄：

　一转眼，又是十多天没见面了，心里一直在想念你。我在××公司工作，每日坐在办公桌前，生活非常枯燥。在这阳光明媚的春天，窗外的鸟鸣很使人感动。美好的季节,美丽的景致，最适宜游山玩水。我打算这个礼拜天到仁川去玩玩儿。仁川风景美丽，还可以品尝新鲜的生鱼片。那儿的旅馆，都设有海水温泉浴池。你到汉城不久，大概还没有到过那个地方。特意写信请你，并约了××同行这个星期日的早上七点，请到我家，我门一同前往。

　　顺祝
快乐！

弟××敬启
×月×日

1) **想念**[xiǎngniàn]：그리워하다.

2) **枯燥**[kūzào]：(생활 등이)재미가 없다.
   ▶ 这种枯燥的生活我再也无法忍受了。
   (이런 무미건조한 생활을 나는 더이상 견딜 수가 없다.)

3) **枯燥泛味**[kūzàofánwèi]：무미건조하다.
   ▶ 那篇小说语言枯燥泛味，读起来使人昏昏欲睡。
   (그 소설의 언어는 무미건조하여 읽자니 잠이 온다.)

4) **秀丽**[xiùlì]：수려하다, 아름답다. 예쁜 여자를 형용하는 데도 쓰임.
   ▶ 这位姑娘不仅人长得秀丽，而且学习成绩也优秀。
   (이 아가씨는 용모도 수려할 뿐 아니라, 학업성적 또한 우수하다.)

5) **适宜**[shìyí]：적당하다, 적합하다.
   ▶ 这里的气候不太适宜兰花生长。
   (이곳의 기후조건은 난의 생장에 그다지 적합하지 않다.)

▶ '도리 상 해야될 일과 하지 말아야 될 일의 구분하여 사용할 시'에는 '适宜'를 쓸 수 없다.

⇢ 我认为出租车司机任意收费是不合适(＊适宜)的。
(택시 기사가 마음대로 차비를 받는 것은 잘못된 것이다.)

6) 游山玩水 [yóushānwánshuǐ] : 자연에 노닐다, 산수를 감상하다.

7) 浴池 [yùchí] : 욕조, 목욕탕.

   ▶ 桑拿浴 [sāngnáyù] : 사우나

8) 伴侣 [bànlǚ] : 동반자, 반려자.

   ▶ 妻子是我最好的人生伴侣。(나의 아내는 가장 좋은 인생의 반려자이다.)

9) 踊跃 [yǒngyuè] : (사람들이) 많이 몰려들어 활기가 넘치다.

   ▶ 同学们踊跃报名参加科技小组活动。
   (学友들은 앞 다투어 과학기술 동아리 활동에 참가신청을 했다.)

3 (2)에 대한 답장

××에게:

　최근에 마음이 무척 답답해서 날씨가 좋으면 인천에 놀러갈까 했었는데, 같이 갈 동행이 없어 고민 중에 생각지도 못한 너의 편지를 받게 되었다. 너처럼 견문이 넓은 친구와 동행을 하니, 많은 가르침 부탁한다. ××도 저의 절친한 친구이자, 또 역사적 사실에도 밝으니 그와 함께 여행을 할 수 있다니 정말 바라던 바야. 시간에 맞춰 집으로 갈게.

후배×× 올림
×월 ×일

××：

　近来心里很闷，曾想晴天去仁川散散心，正苦于无人作伴，恰好接到你的来信，邀我及某君同往游玩儿。路上请见多识广的你多多指教。某君是我的知己，他又熟知历史典故，能与他同去旅游，真是求之不得。

　届时我一定前往贵宅赴约，端此。

　顺祝

健康！

××谨上
×月×日

Ⅱ. 초청과 약속에 관한 편지

1) 闷[mèn] : 마음이 답답하며, 우울하다.
   ▶ 快把窗户打开，屋子里太闷了。
   (방안이 너무 답답하니 빨리 창문을 열어라.)
   ▶ 闷酒[mènjiǔ] : 홧김에 마시는 술.
   ⋯▶ 喝闷酒对健康不好。(홧김에 마시는 술은 건강에 좋지 않다.)
   ▶ 闷气[mènqì] : 마음 속에 응어리진 원한이나 분노
   ⋯▶ 两人谈不拢，都生了一肚子闷气。
   (두 사람은 이야기가 통하지 않자 짜증만 가슴속에 가득 차 올랐다.)

2) 见识[jiànshi] : 견문, 지식.
   ▶ 这次去深圳，长了不少见识。(이번에 심천에 가서 견문을 많이 넓혔다.)

3) 典故[zhǎngù] : 전고.

4) 求之不得[qiúzhībùdé] : 구하려고 해도 얻을 수 없다, 그렇게 되길 갈망하다.
   ▶ 扩大办公室，增加业务，再雇佣一两个职员，这是他求之不得的。
   (사무실을 확장하고, 업무가 늘어나서 한 두 명의 직원을 충원하고 이런 것들은 그가 간절히 바라던 바이다.)

5) 届时[jièshí] : 그 때가 되다, 정한 기일이 되다. 다른 비슷한 표현으로는 '时候一到'가 있다.
   ▶ 时候一到，我就告诉你吧。(때가 되면 너에게 말해줄게.)

6) 赴约[fùyuē] : 약속 장소에 가다.
   ▶ 你不要担心，我到时候按时赴约。
   (그때가 되면 꼭 시간에 맞춰 나갈테니 걱정하지 말아라.)

7) 端此[duāncǐ] : 서간체 용어로 '이에, 이 글을 빌어'의 의미로 쓰인다. 유사한 표현으로는 '专此'가 있다.

4 약속에 관한 편지

××에게:

어제 내가 막 외출을 했을 때 네가 왔고, 내가 돌아 왔을 때는 네가 간지 얼마 안되었더구나. 왜 그리 공교로운지…

"미안해"라는 세 글자로 너를 마중하지 못한 점을 사과할까 한다. 요즈음 내가 일이 바빠서 항상 집을 비우게 되는구나. 모레 오후 2시에 내 사무실에 와서 오랜만에 회포를 풀자꾸나. 그때는 내가 너를 기다릴 테니, 꼭 와주길 바란다. 이만 글을 줄인다.

××가

×월 ×일

××：

　　昨天你来时，我刚好不在家，等我回来时，你又刚走不久，怎么这样不凑巧！

　　"对不起！"，只好用这三个字，赔失迎之礼。近来我因工作繁忙，时常不在寓所。后天下午二时，请到我办公室来叙叙旧。届时定恭候大驾见面时再详谈，不再多写。

　　祝夏安！

××上

×月×日

Ⅱ. 초청과 약속에 관한 편지

1) 失迎[shīyíng] : 마중 나가지 못해 죄송합니다, 부재로 말미암아 실례했습니다.

   ▶ 请恕我失迎之礼。(마중 나가지 못한 점을 용서바랍니다.)

2) 近来[jìnlái] : 요사이, 요즈음.

3) 寓所[yùsuǒ] : 거처, 숙소.

4) 大驾[dàjià] : 귀하.

5) 面谈[miàntán] : 만나서 이야기하다.

   ▶ 会晤不远, 余容面谈。
   (가까운 시일에 만나서 남은 이야기를 하도록 합시다.)
   ⋯→ 상기 예문은 전형적인 文语식 표현이다. '不远'은 '不久的将来(가까운 시일 내에)'의 의미이고, '余容'은 '剩下的内容(아직 다하지 못한 남은 이야기)'라는 의미이다.

6) 恭候[gōnghòu] : 삼가 기다리다.

5 회의를 개최하자는 편지

××에게:

　너와 나 모두가 바쁜 사람이니 쓸데없는 말을 길게 쓰지 않겠다. 이번 달 ×日×時에 ××에서 ××회의가 있어서, 몇 가지 일에 대해 연구 토론할까 한다. 그때 중대한 문제를 결정할 것이니 부디, 시간을 꼭 지켜주고, 네가 좋은 의견을 많이 제시해 줌으로써 이번 회의를 성공적으로 끝마칠 수 있길 바란다.

××가

×월 ×일

××：

　你我都是忙人，闲话不再多写。

　本月×日×时，在××开××会，研究讨论一些项目，届时将对重大问题作出决定，请你准时参加。希望你多提宝贵意见，促使这次会议圆满成功。不胜感谢。

　祝你健康！

××上

×月×日

1) **闲话**[xiánhuà] : 잡담, 쓸데없는 이야기.
   ▶ 他们一边乘谅, 一边说闲话。(그들은 더위를 식히며 한담하고 있다.)

2) **贡献**[gòngxiàn] : 공헌하다, 바치다.
   ▶ 每一个爱国青年都应该为祖国做贡献。
   (모든 애국 청년들은 조국을 위해 공헌해야만 한다.)
   ▶ 주의할 점은 '贡献'은 정도부사의 수식을 받을 수 없다.
   ⋯▸ 这位科学家对中国(* 非常)贡献很大。
   (이 과학자는 중국에 한 공헌이 크다.)

3) **圆满成功**[yuánmǎnchénggōng] : 원만하게 성공하다.

6 초청을 거절하는 편지

존경하는 ××께:

당신의 열정에 가득찬 초청장을 받았습니다. 당신 회사의 친절한 초청을 받아 그곳에서 며칠 머무르며 사업에 대해 논하는 것은, 오랫동안 바래온 즐겁기 그지 없는 일입니다. 이에 대해 저와 제 친구들은 귀사에 매우 감사드리고 있습니다. 그러나 안타까운 사실을 알려 드리지 않을 수 없군요. 당신이 제안한 시간과 제가 이미 계획한 방문활동이 중복된 관계로 기약한 때에 갈 수 없을 것 같습니다. 양해해 주길 바라고, 만약 당신이 몇 달 정도 연기할 수 있다면, 아직 구체적으로 상의할 시간적인 여유는 있다고 봅니다.

당신의 진실한 벗 ××씀

×월 ×일

尊敬的××先生:

您的充满热情的邀请函我已收到。有幸去贵处小住, 相叙商事, 是向往已久的一大乐事。对此我与我的朋友对贵公司表示万分的感谢。然而遗憾的是: 由于您所提的时间和其他访问活动有冲突, 届时将未能前往。请你凉解。当然, 若能换一个时间, 往后推迟几个月, 尚可具体商量。

忠实的朋友: ×× 上

×月×日

1) **充满**[chōngmǎn] : 가득 차다, 충만하다.

   ▶ 他的报告充满了对青年的希望。
   (그가 한 보고는 청년에 대한 희망으로 가득 차 있다.)
   ▶ 주의할 점은 '充满' 은 뒤에 '着' 를 쓸 수 없다.
   ⋯▸ 北京的一些街道充满(* 着)行人。
   (북경의 일부 도로는 행인으로 가득 차 있다.)

2) **盛情**[shèngqíng] : 두터운 정, 친절.

   ▶ 老师的关怀, 同学们的盛情, 我一辈子也不会忘记。
   (선생님의 보살핌과 학우들의 두터운 정은 내 평생 잊지 못할 것이다.)

3) **有幸**[yǒuxìng] : 운 좋게도.

   ▶ 能够做老师的研究生真是三生有幸。(선생님 밑에서 공부하는 대학원생 이 될 수 있다면 정말 크나큰 행운입니다.)

4) **小住**[xiǎozhù] : 잠시 머물다, 체류하다. 비슷한 표현으로는 '逗留' 가 있다.

   ▶ 我打算今年春节假期在家乡逗留(=小住)一个星期。(금년 설날 휴가 기간에는 고향에서 일주일간 체류할 생각이다.)

5) **向往**[xiàngwǎng] : 동경하다, 지향하다.

   CF '向往' 과 '神往' 의 비교

   '向往' 과 '神往' 의 차이점은 크게 두 가지로 구분하여 말할 수 있다.

   ▶ 첫번째는 '向往' 은 일반적으로 목적어를 갖는 반면에 '神往' 은 목적어를 갖지 못한다.
   ⋯▸ 你不该一心向往不劳而获的生活。
   (놀고 먹는 생활을 하고 싶어해서는 안 된다.)
   ⋯▸ 令人神往的西湖景色。(마음을 끄는 서호의 풍경)

- 두 번째는 양자간의 쓰임의 차이이다. '向往'은 '숭고한 이상과 원대한 목표에 대한 열정과 기대'에 많이 쓰이는 반면에, '神往'은 '아름다운 사물에 대한 사모하는 마음'을 나타낼 때 많이 쓰인다.
- ⤳ 他一直向往到北京, 登上天安门城楼, 今天, 他的愿望终于实现了。 (그는 줄곧 북경에 와서 천안문 성곽에 오르길 바랐었는데, 오늘에 이르러서야 그는 바램이 이루어졌다.)
- ⤳ 听说山里出现了野人, 大家怀着好奇而神往的心情前去寻找。 (산간에서 원시인이 출현했다는 소식을 접하고서 모두들 호기심과 동경하는 심정으로 그들을 찾으러 갔다.)

6) **遗憾** [yíhàn] : 유감이다, 유감스럽다. 북경 前门거리에 위치한 '全聚德'의 간판에는 毛泽东의 名句를 전반부에 인용하여 아래와 같이 써놓았다.
   - ▶ 不到长城非好汉, 不吃烤鸭真遗憾。 (만리장성에 가지 않은 사람은 진정한 사내라 할 수 없으며, 북경식 오리구이를 먹지 않으면 유감만이 남을 뿐이다.)

   CF '遗憾'과 '惋惜'의 비교
   - ▶ '遗憾'은 명사로도 쓰이지만 '珍惜'는 그런 용법이 없다.
   - ⤳ 他带着遗憾(*珍惜)离开了人世。 (그는 마음속에 안타까운 한을 품고 세상을 떠났다.)
   - ▶ '遗憾'는 '외교상의 문서'에서 '상대에 대한 불만이나 항의'를 할 때 사용된다. 물론 '珍惜'는 그런 용법이 없다.
   - ⤳ 对于两国关系的逐渐冷淡, 深表遗憾。 (양국관계가 갈수록 냉담해지는 데에 대해 깊은 유감을 표명합니다.)

7) **冲突** [chōngtū] : 충돌하다.
   - ▶ 他们夫妻多少年相敬如宾, 从来没发生过冲突。 (그들 부부들은 오랫동안 서로를 손님 대하 듯 존중해와서 지금껏 언성 높여본 적이 없다.)
   - ▶ 开会时间和约会时间有冲突, 只好取消这次约会。 (회의시간과 약속시간이 중복이 되어서 이번 약속을 취소할 수밖에 없다.)

8) **如约** [rúyuē] : 약속대로, 기약한대로.

9) **祈求** [qíqiú] : 바라다, 간청하다.

   > **CF** '祈求', '乞求', '企求' 의 비교

   '企求' 는 '어떤 의도를 가진 바램' 이고, '乞求' 는 한국어로 하면 '구걸에 가깝게 사정함' 을 의미한다. 반면에 '祈求' 는 '아주 간절한 바램' 을 의미한다. '祈求' '企求' 는 '중성적인 어휘색채' 를 가지지만, '乞求' 의 경우는 '부정적인 어휘색채' 를 가지고 있다.

   ···› 她抱着爸爸的腿, 用水汪汪的眼睛乞求着, 好象在说"我要去北京, 我还要当老师呢!"(그녀는 아버지의 다리를 부여잡고, 눈물이 글썽글썽한 눈으로 애원을 했다. 마치 그녀의 눈은 "북경에 가서 선생님이 되고 싶단 말이에요."라고 말하는 것 같았다.)

   ···› 他总是为他人民谋利, 自己从不企求什么。(그가 생각하는 것은 인민을 위한 이익을 도모하는 것뿐이지, 자신은 아무것도 바라지 않는다.)

   ···› 我们不应该向大自然祈求, 而应该向大自然索取。(우리는 대자연에게 무엇을 줄 것인지를 바라기만 해서는 안되고, 대자연으로부터 (우리가 원하는 것을) 얻어내야만 한다.)

10) **推迟** [tuīchí] : 미루다, 지연시키다, 연기하다.

    ▶ 今天的会议推迟到下个月。(오늘의 회의는 다음달로 연기되었다.)

11) **尚** [shàng] : 아직. 口语의 '还' 의 의미와 같다.

    ▶ 收入虽低, 尚能温饱度日。
    (수입은 비록 낮지만 아직까지는 의식이 풍족한 생활을 할 수 있다.)

Ⅲ. 권유의 편지

1. 낙관적으로 삶을 꾸려가세요!

××에게 :

　요즈음에 잘 지내니? 몹시 그립구나. 너의 편지를 읽고 네가 최근에 끝없는 고민 속에 사로잡힌 것을 알게 되었다. 고민이라는 것은 사람 정신상의 공허감을 대표하며, 허약해진 감정의 외적인 표현이라 할 수도 있단다. 고민은 청소년의 큰 적이란다. 그것은 사람을 황폐하게 하고 사업에 대한 추구와 삶을 사랑할 수 있는 용기를 잃어버리게 하며, 심지어 사람을 절망시켜 生자체를 경시하게 만든단다. 이 때문에 너는 사상과 정력을 너의 일과 학습에 집중시켜서 생활을 충실히 해야만 고민으로 인해 너를 망치지 않을 수 있다고 본다. 만약 이렇게 하지 않으면 너의 앞날에 매우 좋지 않단다. 나도 예전에 큰 고민에 빠진 적이 있었지! 일도 재미 없고, 공부할 때는 머릿속이 텅 빈 것 같더군. 자극을 찾는 것 외에 모든 일이 무의미하고, 누구의 말을 믿어야 좋을지도 모르겠고, 생활에 흥미가 없어질 뿐만 아니라 주위의 모든 것에 열정도 없어지더라. 후에 ×× 선생님이 나를 지도해 주셨고, 도와주시며 믿어 주셨지! 또 나에게 중책을 맡기셨고, 내가 자신감을 갖도록 격려해 주셔서, 나의 생활에 서서히 충실할 수 있었다.

　내가 너에게 보장하는데, 네가 단지 정신적으로 추구하는 목표를 가지고, 일에 대한 강인한 의지력을 갖게 된다면 공허한 번민이 결코 너를 망치지는 못할 것이다. 나에게 종종 편지를 써라. 아마 편지 쓰는 일도 너의 끝없는 번민 해결에 도움이 될 것이다.

친구 ××가

×월 ×일

××兄：

　　近来还好吗？甚念。接到你的来信，得知你近来又深深陷入了无究的烦恼之中。烦恼,它代表一个人精神上的空虚，也是一个人思想感情脆弱的表现。烦恼，是年轻人的大敌。它可以使人颓废，丧失对事业的追求和热爱生活的勇气。甚至可以使人由绝望而致轻生。因此，你应该把自己的思想和精力集中到工作和学习中去，使自己的生活充实起来，那么烦恼就不能侵袭你了。否则，对你的前途是极为不利的。我以前也曾有过烦恼：工作没劲儿，学习时脑子里一片空白，除了找刺激，一天到晚，百般无聊，无所适从，对生活没有兴趣，对周围一切没有激情。后来，×老师开导我，帮助我，信任我，不断给我以工作重担，鼓励提高我的自信，才逐渐使我的生活充实起来。我敢保证，只要你思想上有追求，工作上有顽强的毅力，空虚烦恼就不会侵扰你了。常给我写信吧？这对你克服无端烦恼也是有益的。祝

　　好！

挚友××上

×月×日

1) 无端[wúduān] : 끝이 없는.
   ▶ 对敌人的无端挑衅, 必须予以有力的还击。
   (적들의 계속되는 도발에 반드시 강력한 반격을 해야만 한다.)

2) 空虚[kōngxū] : 공허하다, 텅 비다.
   ▶ 她走了, 留给我一片空虚。
   (그녀가 떠난 후로 내 마음은 허무로 가득하다.)

3) 脆弱[cuìruò] : 취약하다, 연약하다.
   ▶ 她太脆弱了。(그녀는 매우 연약하다.)

4) 颓废[tuífèi] : 의기소침하다, 퇴폐적이다.
   ▶ 他显得很颓废。(그는 매우 소침해있다.)

5) 由A而致B[yóu A érzhì B] : A로 인해 B한 지경에 이르렀다.
   ▶ 这件事是由他的错误而致失败的。
   (이 일은 그의 잘못으로 인해 실패하게 된 것이다.)

6) 侵袭[qīnxí] : 침입하다, (정신을)망가뜨리다.

7) 百般[bǎibān] : 갖가지, 여러 가지로. '百般'을 사용한 成语는 아래와 같다.
   ▶ 百般奉承[bǎibānfèngchéng] : 각종 방법을 동원하여 기분을 맞추다.
   ⇢ 百般奉承他, 怕留不住他
   (그를 붙잡지 못할까 두려워서 갖은 방법을 다해 기분을 맞추었다.)
   ▶ 百般抚慰[bǎibānfǔwèi] : 갖가지 방법으로 위로하다.
   ⇢ 于是老妇人百般抚慰, 把自己年轻时抚慰孩子的语句, 一一搬了出

来。(노부인은 갖가지 방법으로 위로하려고, 자신이 젊었을 때 아이를 달랬었던 말들을 하나씩 말하였다.)

- ▶ 百般折磨[bǎibānzhémó] : 온갖 방법으로 괴롭히다.
- ⇢ 任凭酷刑百般折磨，她咬着牙关，始终坚贞不屈。(그녀는 가혹한 형벌로 온갖 고통을 받았지만, 이빨을 꽉 물고서 지조를 굽히지 않았다.)

8) 无聊[wúliáo] : 무료하다, 무의미하다, 심심하다.
   - ▶ 我觉得这个人很无聊。(내가 보기에 그 사람은 매우 한심하다.)
   - ▶ 他每天过着无聊的日子。(그는 매우 무의미한 생활을 보낸다.)

9) 无所适从[wúsuǒshìcóng] : 어떻게 했으면 좋을지 모르겠다.
   - ▶ 无所适从或不知道定向是什么的占3%。(누구를 따라야 할 지, 정확한 판단이 무엇인지가 무엇인지 모르는 사람이 3%를 차지하고 있다.)

10) 对~没有兴趣[duì~méiyǒuxīngqù] : ~에 대해 관심이 없다.
    - ▶ 我对音乐没有兴趣。(나는 음악에 관심이 없다.)
    - ▶ 我对那个人没有兴趣。(나는 그 사람에게 관심이 없다.)

11) 顽强[wánqiáng] : 완강하다, 억세다, 맹렬하다.
    - ▶ 有顽强毅力的人才能办好这样的事。
      (강한 의지를 가진 사람만이 이 일을 해낼 수 있다.)

12) 毅力[yìlì] : 의지력, 끈기.
    - ▶ 恒心与毅力，是一个人迈向成功的必备条件。
      (항상심과 끈기는 한 사람이 성공을 향해 매진하는 필수 조건이다.)

13) 对~有益[duì~yǒuyì] : ~에 이롭다.
    - ▶ 清晨早起锻炼对体有益。(매일 이른 아침에 운동을 하면 몸에 좋다.)

2 일을 할 때 용두사미로 하지 말 것을 권고하는 편지

××형:

　요즈음에 잘 지내십니까? 그저께 형수님께서 편지를 보내셨는데, 형이 또 사진관 일을 그만두고 식당에서 아르바이트를 한다고 알려 주더군요. 1년 동안 세번씩이나 직업을 바꾸다니 이것이 옳지 않다고 봅니다. 제 생각엔 사람이 직업을 고를 때는 매우 신중해야 하며, 더욱이 조삼모사식으로 갈팡질팡하거나, 굳은 의지가 없이 옮겨 다녀서는 안 된다고 생각합니다. 만약 결정했다면 자신의 선택에 충실해야 하며, 그 직업의 자신의 평생직업으로 하여 진지하게 노력하면 성과를 거둘 수 있을 것입니다. 만약 형이 오늘은 이 일하고 내일은 저 일을 한다면, 아무 일도 이루지 못하는 결과를 초래할 것입니다. 또 다른 일을 할 수도 있겠지만, 그 일 또한 제대로 하지 못하겠지요. 기술자나 전문가들은 모두가 장기간의 실재 업무 속에서 성장하여 각 분야의 최고가 되는 것입니다. 형님께서 제가 드린 말의 의미를 잘 생각하시길 바랍니다.

　　　　　　　　　　　　　　　　　　　　　××올림
　　　　　　　　　　　　　　　　　　　　　모월 모일

××大哥:

　近好！甚念。前天接到嫂子来信，说你又辞去照相馆的工作，在一家餐厅里打工。你一年连换三个工作，对此，我很不以为然。我一贯认为，一个人择业，需特别慎重，不应朝三暮四，见异思迁。如已择定，就要忠于自己的选择，将其作为自己的终身职业，认真努力干好，干出成绩。不然，你今天干这行，明天搞那行，结果将是一事无成，什么都会做，但是什么都做不好，始终是个半瓶醋、万金油。许多能工巧匠、专业能人都是在长期的工作实践中成长起来的，所谓"行行出状元"，便是这个意思！望你三思。祝

　　好！

××上

某月某日

1) **辞去了~**。[cíqùle] : ~한 직장을 그만 두다.

   CF 문장에서 쓰인 '辞去了'와 '辞职'는 '자신의 의지에 의해 직장을 그만두는 것'이라하면, '被炒鱿鱼'는 '자신의 의지에 관계없이 해직 당하는 것'을 뜻한다.

2) **不以为然**[bùyǐwéirán] : 대수롭지 않게 여기다.

   ▶ 我昨天被老板炒鱿鱼了，但我对此很不以为然。
   (어제 사장이 나를 해고 시켰지만, 아무렇지도 않다.)

3) **慎重**[shènzhòng] : 신중하다.

   ▶ 对这件事，请你慎重考虑一下。
   (이 일에 대해 신중하게 고려해 주시길 바라겠습니다.)

4) **朝三暮四**[zhāosānmùsì] : 조삼모사.

   ▶ 朝三暮四，昨非今是。(변덕스럽기 그지없어서 어제는 아니라고 했다가 오늘은 또 그렇다고 한다.)

5) **见异思迁**[jiànyìsīqiān] : 새로운 것을 보면 마음이 변한다, 의지가 굳지 못하다.

▶ 这对于一班见异思迁的人，对于一班鄙薄技术工作，以为技术工作足道、无出路的人，也是一个极好的教训。(이것은 의지가 굳지 못해 한 가지 일에 매진하지 못하는 사람들이나, 남들이 기피하는 업무에 종사하는 것은 남에게 말하기조차 싫고, 희망이 없다고 하는 사람들에게도 아주 좋은 교훈이 된다.)

6) 一事无成 [yīshìwúchéng] : 한 가지 일도 이루지 못하다.

▶ 自卑感，这个词所代表的一类人往往一事无成，这样的人即使给人家当助手人家也不要。(열등의식이라는 단어로 대표되는 사람들은 항상 한 가지 일도 이뤄내지 못하는 데, 그들이 설사 사람들의 조수가 되고자해도 사람들이 원하지 않는다.)

7) 万金油 [wànjīnyóu] : 이것저것 하는 것은 많은 데 제대로 할 줄 아는 것이 없는 사람.

▶ 他那个人会说四种语言，但一样也不精通，算是个万金油。(그는 4개 국어를 말할 수 있지만, 하나도 제대로 하는 것이 없기에 '9가지 재주 가진 사람이 밥 굶는 것' 라 할 수 있다.)

8) 能工巧匠 [nénggōngqiǎojiàng] : 숙련공.

▶ 中国古代的能工巧匠，曾经造出能够模仿人的某些动作的'自动木人'。(중국 고대의 숙련공들은 일찍이 사람의 일부 동작을 흉내내는 '움직이는 나무인형'을 만들어내었다.)

9) 专业能人 [zhuānyè néngrén] : 전문가.

10) 行行出状元 [hángchángchūzhuàngyuán] : 각 분야마다 최고의 전문가가 나온다.

▶ 年轻的厨师创造出如此新颖而奇异的"艺术品"，真是行行出状元啊! (젊은 요리사가 이와 같이 참신하면서도 기이한 예술품을 창조해내다니, 정말 각 분야마다 최고의 전문가는 있는 법이지.)

(2)에 대한 답장

××동생에게:

　너의 편지를 받고, 나는 마치 가뭄에 시달린 싹이 빗물을 맞은 것처럼 정신이 번쩍 들었다. 적기에 도움을 준 너를 매우 고맙게 생각한다. 나는 막 사회생활을 시작하면서 내 직장에 만족하며, 내 업무 태도를 노력해서 개선할 생각이었다. 그러나 동료들이 직업에 대해 터트리는 불만과 또 다른 직업에 대해 부러워하는 얘기를 항상 듣게 되었다. 그리고, 내 스스로도 업무에 가끔씩 어려움과 좌절을 느끼게 되니, 서서히 마음이 동요되었고, 다른 것을 하고 싶다는 욕심에 나의 업무 환경을 변화시키고 싶었다. 이것은 약한 의지력의 표현이며, 또 "자신이 하고 있는 일을 싫어한다"는 나쁜 습관의 영향이었다고 본다. 만약 "어떤 이가 어떤 일을 하든 그 일을 사랑하고 그 일에 전문가가 된다."라는 말을 실천할 수 없다면, 그는 자신의 업무에서 즐거움을 느낄 수 없으며 단지 걱정, 한숨, 수동적인 일 처리와 과중한 업무 부담만을 가지게 되어 나중엔 가슴속에 응어리만 가득 차게 된다.
　내가 여러 차례 직장을 바꾼 이유가 바로 이것이다. 이번에 너의 충고를 받았으니, 이제부터는 내 현재 직장에 충실하겠다. 다시는 이리저리 바꾸지 않겠다. 이 편지를 빌어 네 안부를 묻는다.

　　　　　　　　　　　　　　　　　형××로부터
　　　　　　　　　　　　　　　　　모월 모일

××弟：

　　读了你的来信，就好象旱苗幸得甘露水，猛然醒悟过来！非常感谢你及时帮助。我刚参加工作时，本来也是本着安于职守，努力搞好工作的态度的。后来因为常常听到同事们对自己职业的怨骂，或羡慕其他职业，加以自己有时在工作中遇到一些困难和挫折，才逐渐思想波动见异思迁，想变换工作环境。这是一个意志薄弱的表现，也是"在行怨行"的恶习的影响。一个人如果不能做到："干一行，爱一行，专一行"，那么，他在工作中根本难以领会工作的欢乐，属于他的当然只有愁闷、叹息、被动、重负而最后只有满怀怨懑了。我几次要改换工作，原因就在此。现在得到你的提醒，我今后也安心了，不再换来换去了。

祝

近好！

大哥××手草
某月某日

---

1) 旱苗幸得甘露水汗 [hánmiáoxìngdégānlùshuǐhàn] : 가뭄에 말라 들어가던 싹이 귀중한 빗물을 얻게 된다, 매우 바라던 일이나 기회를 운 좋게 얻게 되다.

2) 猛然 [měngrán] : 뜻밖에, 갑자기, 돌연히.

　▶ 晚上，我正在看书，电灯猛然熄了。
　　（저녁에 내가 책을 보는 데 전등이 갑자기 꺼졌다.）

3) 醒悟 [xǐngwù] : 깨닫다, 각성하다. 비슷한 의미의 成语로는 '恍然大悟

[huǎng rán dàwù]'가 있다.

▶ 对走上歧途的人，我们应尽力给予帮助，使他们醒悟过来。(잘못된 길을 걸어가고 있는 사람에 대해 우리는 최선을 다한 도움으로 그들을 각성시켜야 한다.)

4) 本着 [běnzhe] : ～에 근거하다. 뒤에 오게되는 명사는 '정신, 태도, 원칙, 방침, 지시' 등에만 국한되어 사용된다. 또 일반적으로 이러한 명사의 앞에는 수식어가 붙는다.

▶ 两国政府本着真诚合作的精神，签定了技术协定。
(양국 정부는 진정한 협력의 정신에 입각하여 기술협정을 체결하였다.)

5) 安于职守 [ānyúzhíshǒu] : 현재의 직장에 만족하다.

6) 怨骂 [yuànmà] : 원망하고 욕하다.

7) 加以 [jiāyǐ] : ～을 가하다, ～하다.

▶ '加以'는 두 가지 용법으로 쓰이는 데, 그 첫 번째 용법은 '형식동사'로 쓰이는 경우로 '어떤 사물에 어떤 동작을 가하다.'의 의미로 반드시 2음절의 목적어를 동반하게 된다. '加以'는 '형식동사'로써 그 자체가 동작의미를 갖는 것이 아니라 후치하는 동작동사에 의미를 첨가하는 작용을 한다. 일반적으로 동작을 받는 대상이 전치한다.

▶ 有两个问题必须加以说明。
(두 가지 문제에 대해서는 반드시 설명해야 한다.)

▶ 大家的建议我们一定加以认真考虑。
(모두의 건의에 대해서는 반드시 진지하게 고려해야 한다.)
두 번째 용법은 '접사'의 용법으로 '게다가, ～한데다가'의 의미로 쓰인 경우를 말한다. 본문에서는 이 두 번째 용법으로 쓰였는데, 첫 번째 용법과 구별되는 점은 전자는 '加以' 뒤에 반드시 2음절 동사가 와야하지만, 후자의 경우는 그런 제약조건의 제한을 받지 않는다는 점이다.

▶ 他本来很聪明，加以特别用功，所以进步很快。
(그는 원래 총명한데다가 아주 열심히 공부하기에 진보가 매우 빠르다.)

8) 波动 [bōdòng] : 동요하다, 술렁이다.

▶ 近来，他的情绪波动很大。
(근래에 그의 정서가 아주 불안정하였다.)

▶ 주의할 점은 '波动'은 '生活'와 같이 쓰이지 못한다.

⋯▶ 商品价格不稳定，就会使消费者的生活不稳定(* 波动)。
(상품의 가격불안정은 소비자의 生活을 불안정하게 하였다.)

9) 领会 [lǐnghuì] : 깨닫다, 이해하다.

▶ 你的意思我领会了。(네 생각을 잘 알겠다.)

10) 属于 [shǔyú] : ~의 것이다, ~에 속한다.

▶ 这台电脑属于我。(이 PC는 내 것이다.)

▶ 사용 시에 주의할 점은 '属于'는 '어떤 단체나 조직에 가입하는 경우'는 쓸 수가 없다.

⋯▶ 小学的时候，他参加过(* 属于)足球队。
(초등학교를 다닐 때에 그는 축구팀에 가입한 적이 있다.)

11) 愁闷 [chóumèn] : 걱정하다, 고민하다.

▶ 这一向老张总是愁闷不乐的样子，原来他爱人病了。
(장씨가 요즘 괴로운 표정이었는데, 알고 보니 그의 부인이 병에 걸렸다.)

12) 满怀 [mǎnhuái] : 가슴에 ~이 가득하다.

▶ 我们满怀信心迎接21世纪的到来。
(우리는 가슴 가득한 믿음으로 21세기의 도래를 맞아야 한다.)

13) **安心**[ānxīn] : 전념하다, 몰두하다.

▶ 临行前，妈妈再三嘱咐我："到了新学校要安心地学习，别想家。"
(떠나기 전에 엄마는 나에게 "새로운 학교에 가게되면 학습에 전념하고, 집 생각만 하지 마라."라고 재삼 당부를 하셨다.)

Ⅳ. 부탁의 편지

1 친구에게 물건을 전해줄 것을 부탁할 때

××에게:

　오랫동안 보지 못해 몹시 그립구나!

　어제 朴선생을 우연히 뵈었다. 그한테 네가 모레 아침 북경에 간다는 말을 전해들었다. 내가 집에 쓴 편지 한 통과 동봉한 3백달러, 그리고 통조림 한 상자를 아버님이 쓰실 수 있도록 전해주길 부탁한다. 네가 일단 가져가서 다른 사람을 시켜서 우리 집에 전해드려라. 여러모로 너를 귀찮게 하는데, 이번 기회를 빌어 감사의 뜻을 전한다. 요즈음 상황이 매우 안 좋지만 그럭저럭 살아가고 있다. 만약 나중에 틈이 나면 꼭 너를 보러갈테니, 자세한 얘기는 그때 가서 하자. 이 편지를 받는 대로 내가 보낸 사람에게 간단한 메모를 남겨 주길 바란다.

××가
×월 ×일

××：

　许久未见，很是想念！

　昨天遇到令兄朴先生，说你将于后天早上动身去北京。现在

> 　　送上家书一封，信中附三百美元，及罐头食品一箱。拜托你带去北京，差人送到舍间，交给家父收用。种种麻烦，特此致谢！
> 　　近来这里情形很不好，我是得过且过，以后倘有空闲，必定来看你，到时再和你细谈。
> 　　收到此信请你随手写一回条，交来人带回。
> 　　祝你
> 健康！
>
> 　　　　　　　　　　　　　　　　　××上
> 　　　　　　　　　　　　　　　　　×月×日

1) **附** [fù] : 동봉하다. 비슷한 표현으로는 '随信寄去', '随函附去', '随函寄上' 등이 있다.

2) **罐头** [guàntou] : 통조림.

    CF '罐头'의 경우는 '깡통으로 되어있는 식품의 총칭'이나, '易拉罐'은 깡통 위에 따개가 부착되어 있는 경우만을 지칭한다.

    ▶ 캔으로 된 음료수나 맥주 : 听装的
    ▶ 병으로 된 음료수나 맥주 : 瓶装的

3) **拜托** [bàituō] : 삼가 부탁하다.

    ▶ 这件事就拜托你了，请你多费心。
    (이 일은 너에게 부탁하니 부디 많은 관심을 가져주길 바란다.)

4) **收用** [shōuyòng] : 받아서 쓰다.

    ▶ 这是我的一点心意，请你收用。
    (이는 나의 작은 성의이니 부디 받아서 유용하게 써주시길 바랍니다.)

5) **得过且过**[déguòqiěguò] : 그날그날 되는 대로 살아가다. 비슷한 표현으로는 '过一天, 算一天'이 있다.

> ▶ 我不喜欢那个人，因为他是一个敷衍了事、得过且过的人。(나는 그 사람이 일 처리를 제대로 하지 않고 얼버무리며, 하루 하루를 되는 대로 살아가는 사람이어서 싫어한다.)

6) **随手**[suíshǒu] : ~하는 김에 같이하다, 손이 가는 대로하다.

> ▶ 她走过的时候，随手丢给我一封信。
> (그녀가 지나가면서 편지 한 통을 내 앞에 놓고 갔다.)

7) **回条**[huítiáo] : 간단한 회답 쪽지. 비슷한 표현으로는 '回执'가 있다.

2 (1)의 답장

××에게 :

　오늘 네가 보낸 사람한테서 편지와 300달러, 그리고 통조림 한 상자를 정확히 받았다. 나는 오래 전부터 북경에 한번 갈 생각이었는데, 이번에야 뜻을 이루게 되었구나. 그러나 시간을 절약하기 위해 오늘오후 1시발 북경행 비행기를 타고 가기로 했다. 어제 내내 짐 싸느라 겨를이 없어 너에게 작별인사도 못했구나. 부탁한 물건은 내가 북경에 도착하면 바로 너희 집에 들려 너희 아버님께 확실히 드릴테니 걱정하지 말아라.

　　　　　　　　　　　　　　　　　　　　　　　××가
　　　　　　　　　　　　　　　　　　　　　　　×월 ×일

××:

　今天托人送来的家书一封并三百美元，以及罐头食品等物品，都已如数收到。
　我很早就想去北京一趟，直到现在才得如愿。但是为节省时间，决定乘今天下午一点飞往北京的飞机。昨天一天忙于整理行李，来不及向朋友告辞。
　你拜托的东西，等我到北京，一定立即亲自送到府上，面交老伯点收，请你勿念！
　祝
顺安！

　　　　　　　　　　　　　　　　　　　　　　　××上
　　　　　　　　　　　　　　　　　　　　　　　×月×日

1) **如数**[rúshù] : 수량에 맞게, 숫자대로.

 ▶ 如数收到 : 전부를 수량에 맞게 받다.

2) **不误**[bùwù] : 틀림없다.

3) **告辞**[gàocí] : 작별인사를 하다. 비슷한 표현으로는 '辞行'이 있다.

 ▶ 来不及告辞, 就这样走, 实在抱歉。(작별인사를 할 새도 없이 이렇게 떠나게 되어 죄송합니다.)

4) **寄托**[jìtuō] : 부탁하다, 맡기다.

 CF '寄托'는 '(기대나 희망 등을) 걸다, 담다'의 의미도 나타내는 데 아래 예문과 같은 용도로 쓰인다.

 ▶ 爸爸、妈妈把全部希望寄托在我身上。
 (아빠와 엄마는 모든 희망을 나한테 걸고 있다.)

5) **面交**[miànjiāo] : 직접 만나서 전해주다.

6) **点收**[diǎnshōu] : 일일이 검사하여 접수하다.

③ 선생님께 직장 알선을 부탁하는 편지

××선생님께 :

　오랫동안 찾아뵙지 못해 몹시도 그립군요. 사실 여러 차례 찾아뵙고 말씀을 나누며 가르침도 받고싶었지만 세상일에 얽매어서 저의 이런 바램을 이루지 못했습니다. 이 얼마나 아쉬운 일인지……. 이번에 선생님이 학과장을 맡으셨다는 소식을 접했습니다. 매우 바쁘시죠? 부디 건강에 유의하시고, 너무 몸을 혹사시키지 않으시길 바랍니다. 선생님! 제가 예전에 제가 선생님의 조교를 했기 때문에 제 상황을 선생님이 알고 계실 것이라고 생각됩니다. 이 기회를 빌어 외람 되지만 선생님이 저에게 직장을 소개해주실 수 있는지를 여쭙고 싶습니다. 저의 이력서를 이 편지에 동봉합니다. 조속한 답장을 바랍니다.

제자 ××올림
모월 모일

××老师：

　　好久没有见面了，恬念得很！我屡次想到您那里叙叙旧情，聆听教诲，结果都为俗事所累，没有达成我的期望，真是遗憾，现在我听说您老人家荣任了系主任，最近挺忙吧？希望您多多保重身体，勿过于操劳。老师！我以前当过您的助教，您对我比较了解，故冒昧地求您一件事，请您给我介绍一盼工作。随函附上我的履历表。期待佳音。

学生×××拜上
某月某日

1) **屡次**[lǚcì] : 자주, 여러 번, 여러 차례.
   ▶ 屡次去拜见他。(여러 번 그를 만나러 갔다.)

2) **教诲**[jiàohuì] : 가르치다, 깨우치다, 타이르다.
   ▶ 谆谆教诲[zhūnzhūnjiàohuì] : 간곡하게 타이르다.

3) **牵累**[qiānlèi] : 얽매이다, 연루되다.
   ▶ 怎么把我也牵累进去了？(왜 나까지 연루시키는 거야?)

4) **万分**[wànfēn] :극히, 대단히, 매우.
   ▶ 他这样全力帮助我，我真是万分感激。(그가 이렇게 전력을 다해 나를 도우니 정말 감사할 따름이다.)

5) **勿过操劳**[wùguòcāoláo] : 너무 몸을 무리하게 혹사시키지 마십시오. 이 표현은 '**多多保重**' 등의 표현에 비해 좀 더 구체화된 표현이라고 할 수 있다. '휴식과 업무시간을 균형 있게 조절하십시오'의 표현으로 '**劳逸适度**'라는 표현도 있다.

6) **了解**[liǎojiě] : (자세하게 잘)알다, 이해하다.

   CF '了解'와 '理解'의 비교

   이 양자간의 비교는 일반적으로 중국어 학습자들이 그다지 중요시하지 않는 문제중의 하나이다. 정확한 작문과 의사전달을 위해서는 이 양자간의 의미나 용법의 정확한 분석이 꼭 필요하다고 생각되어 아래와 같이 정리해 보았다.

   A. 먼저 '了解'의 의미를 알아보자.

   A-1. '자세하게 잘 알다.'의 의미로 쓰인 경우
   ⋯▶ 他很了解中国的历史和文化。
   (그는 중국의 역사와 문화에 대해 잘 알고 있다.)

A-2. '조사하다, 물어보다.'의 의미로 쓰인 경우

⋯▸ 请你了解一下最近的天气情况。
(최근 날씨가 어떤 지를 알아봐 주길 바래.)

'理解'는 상기 '了解'의 두 번째 용법이 없다. '理解'의 의미를 개괄적으로 정의해보면 '(어떤 일이나 상황에 대해)판단과 추리과정을 통해 왜 그러한가에 대한 이유를 정확히 알게 되었다.' 라고 할 수 있다.

B. '理解'의 의미는 '了解'에서 진일보 한 것이라고 할 수 있다. '了解'의 '그 대상에 대한 객관적인 이해'를 기초로 삼아서 그 위에 '양해하다, 용서하다'의 의미가 가미된 것이다. 아래 예문을 통해 비교해 보도록 하자.

B-1. a.他很了解我。(그는 나를 매우 잘 이해한다.)
b.他很理解我。(그는 나를 매우 잘 이해한다.)

한국어로는 위와 같이 똑같이 해석이 되지만 각 예문이 나타내는 의미는 확연한 차이가 있다. a예문의 경우는 '그가 나의 (개인적인 경력, 습관, 취미, 생각 등)에 대해 매우 잘 알고있다.'의 의미인데 반해, b예문은 '내가 왜 그렇게 생각하고, 말하고, 행동하는 지'에 대해 잘 알고 있다는 의미이다.

B-2. a.我们应该互相了解。(우리는 상호간에 이해해야 한다.)
b.我们应该互相理解。(우리는 상호간에 이해해야 한다.)

상기 예문의 경우도 한국어 해석으로는 분간하기 어렵다. a예문의 경우는 '두 사람이 서로 알게된 후에 서로의 각종 상황에 대해 알아야 한다는 의미이다. 예를 들면 '상대가 무슨 생각을 하는 지나 무엇을 하고 있는 지에 대해서 알아야 한다.'는 의미이라면, b의 경우는 '서로에 대한 이해가 了解의 정도에 다다른 뒤에 서로간의 의견의 대립을 해소하고, 서로간에 존중하고, 서로를 양해해주며, 우정으로 서로를 대하자.'는 의미이다.

7) 趁[chèn] : (때나 기회를) 이용하여.

▶ 趁着年轻, 抓紧时间学习。(젊을 때에 시간을 다그쳐서 공부해야 한다.)

4 친구에게 책을 구입해줄 것을 부탁하는 편지

××에게:

 공항에서 헤어진 그 날 이후로 벌써 몇 개월이 흘렀구나. 최근에 잘 지내는지 궁금하구나. 오랫동안 네 편지를 받지 못해서 네가 몹시 걱정이 된다.
 지난주에 한 중국친구가 보내온 "射雕英雄门"이라는 책을 받아서 읽어보았는데, 주인공인 '곽정'의 일생이 파란만장하고, 그의 성격이 강직하며 용감무쌍하여, 정말 내 마음을 감동시키더구나.
 이런 종류의 무협소설을 나는 무척 즐겨읽지. 내가 알기로 북경 西单 근처의 서점에서 최근에 '김용전집'이 새로 나왔다고 하던데, 앞서 말한 책 외에 다른 책들도 사고 싶구나. 네가 나를 대신해서 전집을 사서 나에게 부쳐주면 좋겠다. 300달러를 보내 줄테니 만약 돈이 남으면 남겨놓았다가 이후에 내가 부탁하면 책을 사서 보내주길 바란다. 만약 돈이 부족하면 우선 네가 돈을 대신 내서 사도록 하고, 나중에 추가비용을 알려주면 나중에 부쳐줄게.
 부탁한다. 건강해라.

××로부터

모월 모일

××:
 那天机场送别后，已有几个月，甚是想念，不知你最近过得如何？因为好久没有接到你的来信，很是挂念。我一切如旧。上星期接到一位中国朋友寄来的《射雕英雄传》，读了之后，书中

主人公 郭靖一生的曲折多变和他性格的坚毅勇敢，让我非常感动。

我很喜欢，像这样的武侠小说，我知道北京西单附近的一家书店，新近到了一套《金庸全集》，除上面说的那一本书以外，我都想要。因此特来信请你替我买一整套寄来。随函汇上300美元。除去书款之外，如有剩余，清代为保存，以后我还要请您代买新书。如果钱款不足，清先代垫，并把数目告诉我，我将汇还。

专诚奉托！祝你
康乐！

××上

某月某日

---

1) **照旧** [zhàojiù] : 예전에도(종전대로)하다, 예전과 같다.

   ▶ 外甥打灯笼 – 照舅 : 생질이 외삼촌을 위해 초롱을 들어 불을 밝히다. 뒤의 '照舅'가 '照旧'와 발음이 동음인 것을 이용한 '歇后语'이다.

2) **主人翁** [zhǔrénwēng] : 주인공(= 主人公).

3) **曲折变化** [qūzhébiànhuà] : 곡절이 많다, 파란만장하다.

   ▶ 这个曲折变化的故事情节引人入胜。
   (이 파란만장한 이야기의 줄거리는 사람을 사로잡는다.)

4) **坚毅** [jiānyì] : 의연하다.

   ▶ "一定要把敌人全部消灭掉！"司令员露出坚毅的神色。
   ("적들을 전부 초토화 시켜라!"사령관은 의연한 표정을 드러냈다.)

5) **确实** [quèshí] : 정말로, 확실히.

▶ 酷龙唱的那首歌确实好听。(클론이 부르는 그 노래는 정말 듣기 좋다.)

CF '实在', '的确', '确实' 의 비교

A. '确实' 와 '的确' 의 경우는 양자가 문장 내에서 '부사' 로 쓰일 때는 똑같은 의미로써, 상호 변환하여 사용할 수 있는 데 반해서, '的确' 는 '确实' 와 달리 문장 내에서 '술어' 나 '한정어', '보어' 로 쓰이지 못한다.

…▶ 문장 내에서 '술어' 로 쓰인 경우 - 这个消息确实(* 的确)吗？(이 소식이 정확한거야?)

▶ 문장 내에서 '한정어' 로 쓰인 경우 - 你一定要给我一个确实(* 的确)的消息。(너는 나에게 정확한 소식을 제공해야 한다.)

▶ 문장 내에서 '부사' 로 쓰인 경우 - 这件事我确实(= 的确)不知道。(이 일에 대해서 나는 정말로 모른다.)

B. '实在' 는 문장 내에서 '부사' 로 쓰이며 '심화된 정도나 상태까지 도달했음을 강조' 하는 데에 쓰인다. 그에 반해 '确实' 와 '的确' 는 '사실의 진실성을 강조' 하는 데에 쓰인다.

…▶ 他的自行车撞了我，他对我说："对不起，实在(确实)对不起！"(그가 자전거로 나를 부딪친 후에 "미안합니다. 정말 미안합니다."라고 나에게 말했다.)

▶ 他确实(* 实在)病了，不信你看医生开的证明。
(그는 정말로 아프다. 못 믿겠으면 의사의 진단서를 보도록 해라.)

C. '实在' 는 또 '형용사' 로써 말이나 일 처리가 현실적일 때, 实事求是적일 때도 쓰인다.

…▶ 他的话说得很实在。(그는 말을 할 때 사실에 입각하여 현실적으로 말한다.)

6) **武侠小说** [wǔxiáxiǎoshuō] : 무협소설.

▶ 梦幻小说 [mènghuàn xiǎo shuō] : 팬터지(Fantasy)소설

▶ 艳情小说 [yànqíng xiǎoshuō] : 염정소설, 애정소설

▶ 科幻小说 [kēhuàn xiǎoshuō] : SF소설

- 侦探小说 [zhēntàn xiǎoshuō] : 탐정소설, 추리소설
- 恐怖小说 [kǒngbùxiǎoshuō] : 공포소설, 괴기소설
- 色情小说 [sèqíng xiǎoshuō] : 소위 '야사'라고 하는 '야한 소설'

7) **代垫** [dàidiàn] : (우선 돈을)대신하다. 앞에서 한 번 언급한대로 '구어'에서는 '**替垫着**'의 구문으로 쓰인다.

- 你先替我垫着。(네가 먼저 내 대신에 돈을 내도록 하여라.)

8) **数目** [shùmù] : 액수, 금액.

- 对方索赔的数目很可观。
  (상대방에서 제시한 손해배상 청구액은 정말 엄청나다.)

CF '数目'와 '数字'의 비교

'数字'는 '数目'를 나타내는 문자로써, 일반적으로 하나의 '数目'는 여러 개의 '数字'로 구성되어 있다. 때문에 아래 예문에서 쓰인 '数字'는 잘못된 표현이다.

- 他把老板给的钱数了数，发现数目(*数字)不对。
  (그는 사장이 준 돈을 세어보다가 액수가 맞지않다는 것을 발견하였다.)

9) **专诚** [zhuānchéng] : 특별히.

10) **汇还** [huìhuán] : 돈을 송금하여 빚을 청산하다.

CF '汇款' = 汇钱은 '돈을 송금하다'의 의미로 '汇还'에서의 '(빚을)갚다'의 의미는 가지고 있지않다.

- 开帐户 : 계좌를 개설하다
- 存折 : 통장
- 现存卡 : 현금카드, ·信用卡 : 신용카드
- 刷卡 : 카드 결재를 하다

11) **拜托** [bàituō] : 부탁드립니다. 비슷한 표현으로는 '**奉求**'가 있다.

5 친구에게 집을 알아봐 달라는 편지

××에게:

오랫동안 만나지 못해 매우 그립구나. 네가 건강하기를, 매사가 뜻대로 풀리길 바란다. 다음 학기부터 북경에서 대학원을 다닐텐데 아직 마땅한 숙소를 찾지 못하던 중에 네 생각이 나더구나. 너는 북경에서 태어나서 줄곧 살았으니 친구도 많을 것이라 생각이 되어 이렇게 편지를 써서 부탁한다. 수고스럽겠지만 방 두 개에 거실이 딸린 집이었으면 좋겠고, 주위환경이 깨끗하고, 교통이 편리하며, 수도와 전기 그리고 주방시설이 갖춰진 집을 구할 수만 있으면 더할 나위가 없겠지. 매달 집세가 얼마인지, 보증금을 요구하는 지 등을 네가 잘 살펴보고 처리해주길 바란다. 네가 좋은 소식을 전해주길 기다릴께.

××로부터

모월 모일

××:

久未晤面，十分想念。近来贵体康健，万事如意为祷。我打算下个学期去北京读研究生，但还没找到较为合适的住宿。想到你是土生土长的北京人，亲朋好友又多，特写信拜托。烦请替我代觅一套两房一厅的单元。以环境清雅，交通方便，水电厨房齐全的处所最为理想。每月租金三百美元上下。要不要押金，亦请相告。其他事项，都请酌情办理。期待佳音！

敬祝

近好！

Ⅳ. 부탁의 편지

××上
某月某日

1) **烦请** [fánqǐng] : 수고스럽겠지만 ……을 부탁한다.

2) **代觅** [dàimì] : 찾다, 구하다.
   ▶ 觅房 : 집을 구하다.

3) **清雅** [qīngyǎ] : 깨끗하고 우아하다.

4) **水电** [shuǐdiàn] : 수도와 전기.

5) **齐全** [qíquán] : (모두)갖추다, 구비하다 (= 齐备).
   ▶ 就这么点钱, 哪能买得起功能齐全的电脑呢？
   (이 정도 돈으로 어떻게 모든 기능을 갖춘 컴퓨터를 살 수 있겠니?)

6) **尤为** [yóuwéi] : 더욱 …이다.

7) **押金** [yājīn] : 보증금.
   CF '订金'은 '계약금'의 의미로 나중에 돌려 받지 못한다.

8) **酌情** [zhuóqíng] : (사정·상태·조건 등을)참작하다.
   ▶ 这次的车祸警方会酌情处理。
   (이번에 생긴 차 사고는 경찰에서 상황을 고려해서 처리할 것이다.)

9) **迫切**[pòqiè] : 절박하다, 절실하다.
   ▶ 年轻人学习外语的要求越来越迫切。
   (젊은이들이 외국어를 학습에 대한 요구는 갈수록 절실해지고 있다.)
   ▶ 상용시에 주의할 점은 '迫切'는 '사람의 표정'을 형용할 수도 없으며, '동작동사'를 수식할 수도 없다.
   ⋯ 由于买不到当天的火车票，他显得特别着急(＊迫切)。
   (당일 기차표를 살 수 가없어서 그는 매우 다급해 보인다.)
   ⋯ 听说爱人病了，他急忙(＊迫切)骑上自行车往家赶。(부인이 아프다는 말을 전해듣고서, 그는 급하게 자전거에 올라탄 후 집으로 향했다.)

6 다른 사람의 e-mail주소를 알고자할 때

××에게 :

　최근에 일이 바쁘다는 핑계로 많은 친구들에게 답장편지가 본의 아니게 밀리게 되었네. 자네한테까지도 오랫동안 편지를 쓰지 못한 점에 대해 미안하네. ××, 자네 David이라는 친구와 친하지? 최근에 그 친구한테 e-mail로 연락이 안되더군. 아마 e-mail주소를 바꾼 모양이야. 그 사람과 상의할 일이 있는 데, 내 생각에 자네와는 왕래가 잦은 관계이니 주소를 알리라고 보네. 알고있으면 나한테 알려줬으면 하네.

　최근에 일은 잘 되가나? 예전에 미국회사와 ××건설 공사건에 관해 교섭한다고 들었는데, 잘 되길 바라네. 만약에 그 일이 성사되면 자네회사에 가서 함께 일했으면 좋겠군. 자세한 이야기는 만나서 하도록 하지.

××씀
×월 ×일

××：

　近来因工作繁忙，积欠了许多友人的信债，连兄处，也好久没写信，对不起！

　××兄，你跟大已很熟吧？最近我没法通过电子邮件跟他联系，可能他换了地址。我现在有事要跟他商量，想你与他常来常往，较为密切，一定知道他的e-mail地址，请兄告知！

　最近工作情况如何？前些日子听说你向美国一家公司接洽××建设工程，希望你努力进行，事情若成功，我也想来你处，跟你一块工作。详情见面再谈吧。

祝快乐！

×××上

×月×日

1) **积欠** [jīqiàn] : 누적된 빚, 체납하다.
   ▶ 积欠信债 : 회신을 못한 편지가 밀려있다.

2) **电子邮件** [diànzǐ yóujiàn] : E-MAIL.
   ▶ 域名 [yùmíng] : 인터넷 도메인
   ▶ 国际互联网 [guójìhùliánwǎng] : 인터넷 = 因特网, 互联网络
   ⋯ 中国互联网络信息中心主任昨天说，中国免费注册的中文域名系统开通才一天，就接受了36000个域名注册申请。(중국 인터넷 정보센터의 주임이 어저께 말하길, 중국에서 무료로 등록하는 중문 도메인 시스템을 개통한 지 단 하루만에 3만 6천 건의 도메인 등록 신청을 받았다.)
   ▶ 地址栏 [dìzhǐlán] : 주소 표시줄, 웹브라우저에서 주소를 기입하는 난
   ▶ 网站 [wǎngzhàn] : 인터넷 사이트
   ⋯ 以前的域名都是英文的，给中国企业及机构带来了很大的不便。现在，注册中文域名后，在地址栏内只需要输入中文就可以访问相应的网站。(이전의 도메인은 모두 영문으로서, 중국 기업이나 기관에서 사용하기에 몹시 불편하였다. 이제는 중문 도메인을 등록한 후, 주소표시줄에 중국어만 입력하면 해당 사이트를 방문할 수 있게 되었다.)

3) **常来常往** [chángláichángwǎng] : 왕래가 잦다.

4) **接洽** [jiēqià] : 교섭하다. 비슷한 표현으로는 '洽商'과 '洽谈'이 있다.

5) **见面再谈** [jiànmiànzàitán] : 만나서 이야기하다. 文語표현으로는 '待面叙'가 있다.
   ▶ 一切待面叙(모든 것은 만나서 이야기하도록 하죠.)

7 물가는 어떤지요?

××에게:

하늘 끝 멀리서 벗이 떠올라 글을 올리네. 우리가 언제쯤 다시 만나게 될까? 우리가 빠른 시일 내에 재회하길 바란다. 나는 내년에 그곳에 가서 박사학위에 진학할 예정인데 그곳의 상황이 어떤지 알고싶구나. 내가 준비할 수 있게 아래에 제시한 몇 가지 질문에 답을 주길 바란다.

1) 그곳의 날씨는 어때?
2) 한 사람 기준으로 한달 최저생활비가 어느 정도 되니?
3) 집은 세를 얻어 살 수 있니? 방 하나에 거실 하나가 딸린 방인 경우 한달 월세가 어느 정도인지 말해다오.
4) 쌀, 돼지고기, 채소 등의 가격은 어느 정도니?
5) 수도세, 전기세는 매월 어느 정도니?
6) 사회치안은 잘되어있니?
7) 어떠한 소일거리들이 있니?

상기 질문들을 먼저 이해할 수 있다면 내가 전반적인 유학계획을 세울 수 있을 것 같구나. 너의 소식을 기다릴게. 행복하길 빈다.

××로부터

모월 모일

××:

　　海角天涯，时常想起远方的朋友，不知何时才能相见，盼望着咱俩的重逢早日来临。我拟明年到你那边读博士，可是不知那里的生活情形如何，请就以下几点，拨沉略作介绍，我也好早做准备。谢谢！
　　一、气候如何？
　　二、每月一个人的基本生活费用是多少？
　　三、住房能否租到？一室一厅的房子，每月租金多少？
　　四、大米、肉类 蔬菜，每斤价格多少？
　　五、水电费每月需要多少？
　　六、社会治安如何？
　　七、娱乐方面，有些什么可以消遣？
　　以上各点，我想预先了解清楚，好有个通盘的打算。在此静候佳音。
　　祝你幸福！

　　　　　　　　　　　　　　　　　××上
　　　　　　　　　　　　　　　　　某月某日

1) **海角天涯** [hǎijiǎotiānyá] : 멀리 떨어진 곳, '天涯海角'로도 쓰인다.

▶ 我和我的爱人，背着箱子，拉着大孩子，抱着小孩子，一家人走遍了天涯海角。(나와 나의 부인은 짐상자를 메고, 큰 애는 손에 잡고, 작은 애는 업고서 전 가족이 아득히 먼 낯선 땅을 돌아다녔다.)

2) **想起~** [xiǎngqǐ~] : ~이 떠오르다.

▶ '想起~'의 경우는 '지난 일'이나 '상황'이 떠오르는 경우에 쓰인다.
⋯ 我突然想起学生时代的往事。
(나는 갑자기 학생시절의 지난 일이 떠올랐다.)
接到你的信，不由得想起了在上海与你共渡的情形。(너의 편지를 받아보고서 당신과 상해에서 함께 일하던 나날들이 절로 떠오르더군요.)

- ▶ '记起'의 경우는 '(중요한 기념일이나 때가)떠오르다'의 의미로 쓰인다.
- ⇢ 我今天早晨在上班的路上，突然记起，明天就是您的生日。(오늘 아침 출근길에 내일이 바로 당신의 생일인 것이 문득 생각나더군요.)
- ▶ '萦绕在脑海里'는 '(어떤 일이) 머리 속에서 맴돌다.'의 의미이다.
- ⇢ 那件事不时地萦绕在脑海里。
  (그 일은 항상 내 머리 속에서 맴돌고 있다.)
- ▶ '浮现在眼前'은 '(과거의 어떤 일이) 눈앞에 펼쳐지는 듯하다.'의 의미로 쓰인다.
- ⇢ 在我们的小天地里与你共渡的那些日子仿佛浮现在眼前。(우리의 보금자리에서 너와 함께 지내던 나날들이 마치 눈앞에 펼쳐지는 것 같다.)
- ▶ '勾起~, 叫醒~, 唤起~'등은 '使我想起'의 의미로 '~한 기억을 불러일으키다.'의 뜻으로 쓰였다.
- ⇢ 这件事勾起了对往事的回忆。
  (이 일은 옛일에 대한 기억을 불러 일으켰다.)

3) 读博士[dú bóshì] : 박사과정을 밟다.

4) ~, 以便~[~ yǐbiàn~] : ~할 수 있도록.
- ▶ 借着暑假期间，我打算学习电脑，以便适应信息化时代潮流。(방학기간에 정보가 무기가 되는 현대화 사회에 적응하기 위해 컴퓨터를 배울까 합니다.)

5) 租金[zūjīn] : 임대료.
- ▶ 这楼房的租金是每月200美元。
  (이 아파트의 임대료는 매달 200달러이다.)
- **CF** '楼房'과 '公寓'의 차이 : '楼房'은 기존 설비가 갖춰지지 않은 것이고, '公寓'의 경우는 전화와 침대 등 기존 설비를 모두 갖추고 있는 것이다.

6) **消遣**[xiāoqiǎn] : 소일 거리를 하다, 시간을 보내다.

    CF 口语로는 '杀时间'과 '在~耗着' 등이 있다.

    ▶ 干脆在这儿耗着吧。(차라리 여기서 시간을 때우도록 하자.)

7) **通盘**[tōngpǎn] : 전면적으로, 전체적으로.

8) **查问**[cháwèn] : 조사심문 하다.

    ▶ 老师一进教室就开始查问昨晚打架的事儿。(선생님은 교실에 들어오시자 마자 어제 저녁 싸움에 대해 물어보시기 시작하셨다.)

V. 축하의 편지

1 결혼을 축하하며……

××누나에게:

　오늘 누나 집에 전화 걸어서야 비로소 누나가 다음달 8일에 서울에서 결혼한다는 사실을 알았습니다. 누나 어머니가 신랑 될 분이 이상과 포부를 갖춘 좋은 청년이라고 말씀해 주시더군요. 이 편지를 통해 진심으로 두 분께 축하드립니다.

　누나 어머니를 비롯한 전 가족이 다음달 초순에 서울에 올라가시니 저도 함께 가서 결혼식에 참석하자고 하십니다. 하지만 갈 수 없을 것 같습니다. 중국에서 비자를 신청하는 일이 결코 쉽지 않은 것은 누나도 잘 아시겠죠. 부디 이해해주시길 바랍니다. 결혼식의 멋진 장면들을 촬영해서 보여주시길 바랍니다.

　행복한 신혼이 되시길 바랍니다.

동생 ××올림
×월 ×일

××姐:
　今天给你家里打电话,才得知你下个月初八在汉城举行婚礼，你母亲都告诉我了，新郎是一个有理想、有抱负的好青年。在此，我衷心地祝贺你们！

　　你母亲及你们全家下月初启程赴汉城，邀我一道参加你们的婚礼。真抱歉我恐怕去不了，在中国申请签证很不容易，我想你很了解这一点，请不要见怪。望喜期录下精彩的镜头，让我日后欣赏。

　　遥祝

新婚快乐！

弟××上
某月某日

1) **喜讯** [xǐxùn] : 기쁜 소식, 희소식. 일반적으로 '결혼 소식'을 뜻한다. 비슷한 표현으로는 '喜信'이 있다.

2) **启程** [qǐchéng] : 출발하다, 떠나다.

3) **见怪** [jiànguài] : 탓하다, 나무라다, 언짢아하다.

　▶ 事情没给你们办好，让你们见怪了。
　　(일을 제대로 처리하지 못해 심려를 끼쳐들였군요.)
　▶ 사용 시에 주의할 점은 '见怪'는 목적어를 가지지 못한다는 점이다.
　⇝ 这事是我干的，不要责怪(＊见怪)他。
　　(이 일은 내가 한 것이니 그를 책망하지 마십시오.)

4) **精彩的镜头** [jīngcǎi de jìngtóu] : 멋진 장면.

　▶ 慢镜头 : 슬로우 모션(SLOW MOTION)

5) 欣赏[xīnshǎng] : 감상하다.

> **CF** '欣赏'은 또 '좋아하다'(능력 등을) 인정해주다

⋯▶ 我的老板好欣赏你呀！
(우리 사장님께서 너의 능력을 높이 평가하셔.)

2 득남을 축하하며……

××에게:

　오랫동안 너의 소식을 접하지 못하다가 편지로 안부를 전하려던 참에 요 며칠 전에 네가 아빠가 되었다는 기쁜 소식을 접하게 되었다. 그 소식에 기쁘면서도 한편으로는 믿기질 않더구나. 그 '작은 뚱보'가 아빠가 되었다니 말야! 세월이 참 빠르구나. 하지만 곰곰히 생각해보니 너도 곧 30이 되어가니, 애 아빠가 되야 할 나이긴 하지.

　예전에 네가 전화에서 올 초 너희 회사 구조조정에 의해 일자리를 잃었다고 했었는데, 잃는 것이 있으면 얻는 것도 있는법, 비록 하는 일은 순조롭지 못했지만, 이번에 득남을 하게되었으니, 정말이지 인생의 큰 기쁨이지 않느냐. 뭐 특별한 것은 준비를 못했고, 부적을 하나 보낸다. 내 작은 성의라 생각하고, 아이출생의 기념으로 받아주길 바란다. 행복하길 바란다. 네 아이가 건강하길 기원한다.

　　　　　　　　　　　　　　　　　　　××올림.

　　　　　　　　　　　　　　　　　　　×월 ×일

××：

　好久未得到你的消息，正准备给你写信询问，前日意外地接到你已做了爸爸的喜讯。在为你高兴之余也确实有点不可思议："小胖子"当爸爸了！时间真快，细细一想，你也是快30的人了，理应当父亲了。

　从前你在电话里告诉我，今年初你公司裁员，你也失业了。但人有所失必有所得，你的工作不称心，而今喜得贵子,岂非人生一大快事！我没有特别的礼物奉贺，随函寄一个护身符，给小宝贝作出生纪念，略表一点心意。祝你俩幸福！
　　特祝小宝宝健康！

××上

×月×日

1) **询问** [xúnwèn]：질문하다, 알아보다.

  ▶ 他向服务台询问开往北京的火车几点钟开。
  (그는 프론트 데스크에 북경 행 기차가 몇 시에 발차하는 지를 물어보았다.)

2) **意外** [yìwài]：의외로, 뜻밖에도.

  CF '意外'는 일반적으로 '명사'와 '형용사'로 쓰인다. 본문에서 '意外'는 '형용사의 부사적인 사용'이라고 할 수 있다. '不料'는 부사이며, 복문의 뒷 절에 쓰여 앞 절의 상황에서는 예상 못하였음을 나타낸다. '不料'와 '意外'의 차이점은 '不料'의 경우 복문의 앞뒤 절이 역접관계로 맺어질 때는 뒷 절에 '竟, 还, 仍' 등과 호응하여 쓰인다. 반면에 '意外'의 경우는 이런 호응관계가 없다. 때문에 한국어로는 똑같은 번역이지만 상호 호환 관계는 성립이 되지 않는다.

3) **不可思议** [bùkěsīyì]：불가사의하다, 상상하기 힘들다.

  ▶ 完全不读书的政治家是不可思议的。
  (전혀 공부하지 않는 정치가란 상상하기조차 힘들다.)

4) **裁员政策** [cáiyuán zhèngcè]：감원 정책.

5) **人有所失，必有所得** [rényǒusuǒshī bìyǒusuǒdé]：사람은 잃은 것이

있으면, 반드시 얻는 것이 있게 된다, 사람들을 위로할 때 쓰이는 문구이다.

6) **不称心**[bú chènxīn] : 마음에 들지 않다, 흡족하지 않다, 본문에서는 '마음대로 일이 잘 되지 않는다'의 의미로 쓰인다.

▶ 春节前, 妈妈给我买的羽绒服一点也不称我的心。(설날 전에 엄마가 나에게 사준 오리털 파카는 전혀 내 마음에 들지 않았다.)

7) **护身符**[hùshēnfú] : 최근 한국에서 시판되는 '달마상이 그려진 호신불'과 비슷한 크기로 전화카드정도의 크기로 순금으로 제작되어 있다. 우리나라의 부적과 같은 기능으로 재앙을 막아주는 힘이 있다고 믿는다.

8) **略表~ 心意**[lüèbiǎo~xīnyì] : 작은 성의를 표시한다. 뒤에 일반적으로 '请笑纳' 같은 용어가 함께 쓰인다. 비슷한 표현으로는 '聊表寸心', '聊表敬意'가 있다.

3 생일을 축하하며……

××에게:

 작년에 헤어진 후에 한번도 너를 잊은 적 없으나, 모든 일이 뜻대로 되질 않아서 너에게 편지하지 못한 점 이해해주길 바란다.

 이번 달 ××일이 네 생일인 것으로 기억된다. 이제 우리도 이립(而立)의 나이가 되었으니 무언가 일을 해낼 수 있어야 한다고 본다. 너의 학식이나 재능을 고려한다면 더 큰 성과를 거둘 수 있을거야. 그때가 되면 너의 벗이 멀리서나마 너를 축하해줄께.

 건강하길 바라며.

××씀

×월 ×일

××：

 去年分别后，时时都在想念你。可是诸事不称心，没有心绪提笔，请多谅解。

 记得这月××日是你的生日。你我都已到了而立之年，理应干出一番事业来，以你的学识和才华更应成就卓著。当你事业有成时，我这个远在天涯的朋友定会第一时间向你表示祝贺。

 祝你健康！

××上

×月×日

1) **奉贺**[fènghè] : 예물을 보내 축하하다.

2) **心绪**[xīnxù] : 생각, 마음, 기분.
   ▶ 我没有心绪去参加今天的聚会。
   (오늘 모임에 참가할 기분이 아니다.)

3) **谅解**[liàngjiě] : 양해하다, 이해하다.
   ▶ 当我得知他不是有意伤害我之后, 就谅解了他。(그가 고의적으로 나를 다치게 한 것이 아니라는 것을 알고 난 후에 곧 그를 용서해주었다.)

4) **卓著**[zhuózhù] : 탁월하다, 현저하게 뛰어나다.
   ▶ 他对现代文学的发展有卓著的贡献。
   (그는 현대문학 발전에 지대한 공헌을 했다.)

5) **以 ~**[yǐ~] : 본문에서는 '(자격, 신분, 능력 등을) 가지고, ~으로서'의 의미로 쓰였다.
   ▶ 以实际行动响应党的号召。
   (실재 행동으로써 당의 호소에 호응한다)
   ▶ 我以老朋友的身份劝你不要这样固执。(나는 절친한 친구의 자격으로 네가 이처럼 고집을 부리지 말았으면 한다.)

6) **游子**[yóuzǐ] : 나그네, 본문에서는 편지 쓰는 자신을 빗대어 표현한 것임.

4 졸업을 축하하며 ……

××선배에게 :

　헤어진 지 반년이나 되었습니다. 비록 편지 한 통의 왕래도 없었지만, 마음속의 그리움만은 말로써 표현할 수 없을 정도입니다. 들리는 바에 의하면 선배가 이미 졸업을 했고, 졸업성적도 매우 우수하다고 들었습니다. 정말 축하할만한 일입니다. 저는 내년 이맘때 졸업이나 할 수 있을지가 걱정됩니다.

　학문은 길고 긴 하나의 노정과 같아서 대학을 졸업했다함은 그 여정의 일부만을 걸어온 것이라고 할 수 있겠죠. 이 학문의 길이 얼마나 긴지는 아무도 확언할 수 없지만 많이 걸어갈수록, 빨리 마칠수록 좋지 않겠습니까? 당신은 저와 동갑이지만, 저보다 일년 먼저 졸업하게되는 것이 몹시 부러우면서도, 한편으로 저를 부끄럽게 하기도 합니다. 다음 학기에는 어떻게 할 계획인가요? 대학원에 진학할 예정인지, 직장에 취업할 건지 모르겠군요. 하지만 저는 당신이 진학하는 편이 더 나을 것 같군요. 당신과 같은 인재가 계속 노력 한다면 당신의 미래는 아마 더욱 보장되지 않겠습니까? 앞으로 시간이 나면 자주 편지왕래를 하길 바랍니다.

　선배님의 졸업을 축하드립니다.

후배 ××올림
×월 ×일

××师哥：
　一别就是半年，虽然没有通过一封信，但心中的怀念，是难以用语言来形容的。

　　听说你已如期大学毕业，而且毕业成绩名列前茅，可喜可贺！我在明年今日能不能毕业，还是未知的。

　　求学好比一条漫漫长路，大学毕业，只是走完了漫漫长路中的一段。这条路到底有多长，谁也不能估计，当然能够走得越远越好，越快越妙。你的年纪和我一样，但你比我早一年毕业，这即使我羡慕，也使我惭愧。

　　下学期打算怎样？读研究生，还是找工作？我希望你继续深造，象你这样的人才，继续努力，前途一定是会更美好的。以后有空请常通音讯。

　　祝你
毕业愉快！

师弟 ×× 上
某月某日

---

1) **不能用语言来形容** [bùnéng yòng yǔyán lái xíngróng] : 말로써 표현할 수 없다.

　　CF 비슷한 표현으로 '难以用语言来形容'이나 '一言难尽' 등의 표현이 있다.

2) **可喜可贺** [kěxǐkěhè] : 기쁘고 축하할 만 하다.

　▶ 在这次研讨会上，我们取得了可喜可贺的成绩。
　　(이번 연구토론회에서 우리는 기쁘고 축하할 만한 성과를 거두었다.)

3) **问题** [wèntí] : 본문에서는 '(해결해야될) 문제'라는 의미이다.

　▶ 今天能不能办好签证，还是个问题。
　　(오늘 비자문제를 해결할 수 있는 지가 (해결해야할) 문제이다)

4) 到底 [dǎodǐ] : 본문에서는 '도대체'의 의미로 쓰였다.

> 她到底来不来，谁也说不好。
> (그녀가 도대체 올 것인지 말 것인지는 누구도 단정할 수 없다.)

> 到底怎么了？(도대체 일이 어떻게 된거야?)

CF '到底' 와 '终于' 용법비교

본문에서의 '到底'는 여러 가지 의미로 쓰이는 데, 아래예문의 경우는 '终于'와 그 뜻이나 용법의 차이를 구별하기 힘들다.

> 她沉默了半天，到底还是开了口。
> (그녀는 한참을 침묵하다가 결국에는 입을 열었다.)

위 예문의 번역에서 '到底'는 '결국'이라고 번역이 되는 데, 이런 경우 학습자들은 단순하게 '终于'와 동의어로 생각하기 쉽다. 이 양자간의 용법의 차이를 아래 몇 가지로 정리해보았다.

A. '到底'는 주로 口语에 많이 쓰이고, '终于'는 주로 文语에 많이 쓰인다.

B. '到底'는 동사나 동사구를 수식할 때 반드시 '了'를 동반해야 하지만, '终于'는 그런 제약이 없다.

> 问题到底解决了。(문제는 결국 해결되었다.)

> 问题终于解决。(문제는 결국 해결되었다.)

C. '到底'는 의문문이나 语气(어투, 문체의 의미)를 강조하는 경우에 쓰일 수 있지만, '终于'는 그런 기능이 없다.

> 你到底去不去？(○) 你终于去不去？(×) - 도대체 갈꺼야, 말꺼야?

> 那封信到底收到了没有？(○) 那封信终于收到了没有？(×) - 그 편지는 도대체 받은거니, 안 받은거니?

5) 估计 [gūjì] : 예측하다, ~이라고 생각하다.

> 我估计你现在买不到去北京的机票。
> (내 생각에 너는 지금 북경 행 비행기표를 구할 수 없을걸!)

6) 越 A 越 B [yuè A yuè B] : ~할수록 더욱~하다.

　▶ 你还是躺着休息吧，简直越帮越忙。
　　(너는 차라리 누워서 쉬고 있어라, 정말 도와줄수록 번거러워지잖아)

7) 羡慕 [xiànmù] : 부러워하다.

　▶ 你有这么好的男朋友，好羡慕你呀！
　　(이렇게 멋진 남자 친구가 있다니…, 정말 네가 부러워.)

8) 预祝 [yùzhù] : 미리 축하하다.

　▶ 我预祝你成功。(네 성공을 미리 축하할게.)

9) 惭愧 [cánkuì] : 부끄러워하다.

　▶ 儿子惭愧地对妈妈说：＂因为贪玩，期末考试有两门不及格。＂(아들은 부끄러워하며 엄마에게 "놀기만 하다가 기말고사에서 두 과목이 낙제했어요."라고 말하였다.)

　　CF '腼腆'과 비교

한국어 학습자들이 중국어 학습 시 가장 큰 곤란을 느끼는 점이 바로 한국어로 똑같은 번역을 하는 다른 중국어 단어를 접했을 때이다. '惭愧'와 '腼腆'은 똑같이 '부끄러워 하다'의 의미이지만, 전자가 '자신이 남보다 못하다는 생각에 부끄러워한다'는 의미라면, 후자는 '성격이 내성적이기 때문에 낯을 가린다'는 의미로 양자의 의미는 이런 차이를 가진다.

5 개업을 축하하며 ……

××에게:

　최근에 사업이 바빠서 너와 마음을 털어놓고 마음껏 이야기를 나눌 수가 없었다. 어저께 우연히 만난 한 친구한테 네가 이번 달 16일에 개업을 한다는 것을 들었다. - 어제 내가 점쟁이한테 물어보니 그 날이 바로 길일이라고 하더구나. 우리가 안지 3년여가 되었으니 오래된 친구라 할 수 있겠지. 너와 같이 인간성 좋고, 능력이 출중한 인재가 자신의 사업을 한다면 앞날에 무궁한 발전만이 있을 것이라고 본다.

　지금 사람을 시켜 액자 한 구를 보내니 개업축하 기념으로 받아주길 바래.

　네 사업이 발전하길 빈다.

　　　　　　　　　　　　　××올림

　　　　　　　　　　　　　×월 ×일

××：

　我最近因一笔生意忙得不可开交，没能和你畅谈。昨日偶遇某兄，说你筹办的××公司，将于本月16日开业我昨天问了算命的，他说那天正是黄道吉日。咱们俩认识了三年多，也算是老朋友了，弟深知以你的为人，象你这样出众的人经营自己的生意，前途必定无可限量！

　现派人送镜框一面，以为贵公司开业纪念。

　谨祝你开张大吉！

　　　　　　　　　　　　　×× 上

　　　　　　　　　　　　　×月×日

1) **忙得不可开交**[máng de bùkě kāijiāo] : 바빠서 어찌할 수 없다, '开交'는 '해결하다, 끝을 맺다'의 의미로 '不可开交'라고 하면 '(어떤 일을) 마무리짓지 못하다, 해결하지 못하다'의 의미로 본문에서는 '자신이 감당하기 어려울 정도로 바쁜 것'을 의미한다. 비슷한 의미의 숙어로는 '忙得脚打后脑勺'이 있다. 뜻은 '발로 뒷 통수를 때릴 만큼 바쁘게 뛰어 다니는 것'을 의미한다.

2) **畅谈**[chàngtán] : 흉금을 털어놓고 마음껏 이야기하다.
   ▶ 在影评会上, 到会的人畅谈了自己的观感, 对这部影片作了较高的评价。(시사회장에 참가한 사람들은 관람 후 느낌에 대해 마음껏 이야기했는데, 이 영화에 대해 비교적 높은 평가를 내렸다.)

   CF '畅谈' - 마음에 맞는 친구나 지인 들끼리 나누는 허물없는 대화
   ▶ '打开窗户说亮话' - 알고있는 이야기를 감추지 않고 다 털어놓는다.
   ▶ '直截了当' - 이야기를 빙빙 돌리지 않고 단도직입적으로 말한다.

3) **算命的**[suànmìng de] : 점을 보는 사람.
   ▶ 别听那算命的胡说八道。(그 점쟁이의 헛 소리를 듣지마라.)

4) **黄道吉日**[huángdàojírì] : 길일, 중국의 미신에서 유래한 말로 '어떤 일을 시작하거나 (기업등을)창업하기 좋은 날'이라는 의미로 쓰인다.
   ▶ 那天倒是个黄道吉日, 可惜地干了, 虽然勉强把他的四亩谷子种上了, 却没有出够一半。(그날이 길일이기는 했지만, 아쉽게도 땅이 말라 있어서, 비록 무리하게 4묘의 땅에 씨를 뿌렸지만 절반도 채 싹이 나오질 않았다.)

5) **镜框**[jìngkuàng] : 액자.

6 승진을 축하하며 ……

××에게:

　어제 자네가 부장으로 승진했다는 소식을 들었는데 진심어린 축하를 보낸다. 자네는 대학졸업 후에 평 직원에서 대리와 과장을 거쳐 부장까지 한 걸음 한 걸음씩 승진을 거듭해왔었지. 정말로 한 계단씩 후퇴 없는 전진만 해온 자네를 보면 정말로 내 자신이 초라하게 느껴진다네. 나는 이 일생에는 관직운이 없는지 다만 소시민의 생활을 평범하게 보내고있다네. 하지만 나는 항상 시대의 변화흐름에 뒤처지고 있다는 생각 때문에 부끄럽게 여기고 있네. 앞으로 자네의 많은 지도편달을 해주면 대단히 고맙겠네.

××올림

모월 모일

××:

　　昨天得悉兄已晋升为部长，特致衷心祝贺。想你从大学毕业，一步一个脚印，从办事员、代理、课长到部长，真是步步高升。在你面前，弟深感惭愧，此生似与官无缘，只能做一个安分守己的老百姓，平平淡淡地过日子。小弟常有落伍之叹，总赶不上时代的潮流，望你能常来信指教。不胜感激！

　　祝
愉快！

×× 上

某月某日

1) **一步一个脚印**[yībù yīgè jiǎoyìn] : 하나하나 착실하게 해나가다. 빈틈 없고 꼼꼼히 하다.

   ▶ 谁能一步一个脚印, 不歪一步呢？
   (어느 누가 조금도 실수 없이 빈틈없는 행동을 할 수 있겠는가?)

2) **深**[shēn] : 본문에서는 '很, 十分'의 의미로써 동사를 수식하고 있다. 이러한 용법의 '深'은 일반적으로 4자가 하나의 단어결합으로 술어를 이룬다.

   ・我对此深信不疑。(나는 이것에 대해 매우 믿음이 간다.)
   ・对她的遭遇, 我们深表同情。(그녀의 처지에 대해 매우 동정하게 된다.)

3) **赶**[gǎn] : 본문에서는 '뒤쫓다, 따라가다.'의 의미로 쓰였다. '赶'은 그 쓰임에 따라 의미가 아래와 같이 다양하다.

   A. 본문에서 쓰인 용법이다.
   ⋯▶ 她就是好赶时髦, 穿的都是新潮服装。(그녀는 정말 유행에 민감해서 입고있는 것들이 모두가 최신 유행하는 옷들이지.)

   B. (~의 시간에 댈 수 있게)서두르다. 다그치다
   ⋯▶ 昨天晚上喝酒喝多了, 没能赶上末班车。
   (어제 저녁에 그렇게 서둘렀는데도 막차시간에 맞추지 못했다.)

   C. 내쫓다, 내몰다
   ⋯▶ 谁敢赶我？(누가 감히 나를 쫓아내?)

   D. (때마침)만나다,
   (기회를) 얻다. 이 경우에는 결과보어인 '上'을 동반한다.
   ⋯▶ 去长城的那一天正赶上下雨。(만리장성에 간 그 날에 비가 내렸다.)

   E. (소, 마차등을)몰다.
   ⋯▶ 马车我赶不了。(나는 마차를 몰 줄 모른다.)

4) **潮流**[cháoliú] : 사회적 추세, 시대의 추세.

   ▶ 我们应该追随时代的潮流。(우리는 시대의 조류를 따라야 한다.)

5) **不胜**[búshèng] : 대단히 ~하다. 뒤에 2음절로 된 단어가 와서 4字句를 형성한다.

▶ 今天您能来参加我们的会议，我们不胜荣幸。
(오늘 당신이 우리들의 크나큰 영광 이겠습니다.)

(6) 편지에 대한 답장

××에게 :

　보낸 편지는 잘 받아보았네. 일에 얽매여 친구들간의 연락을 못 하다 보니 자네들이 요즘 어떻게 지내는지에 대해 관심 갖지 못한 점을 이해해주길 바라네.

　자네는 아직도 그 성격을 버리지 못했군. 지나치게 겸손하며, 또 열등의식이 너무 강한 성격 말이네. 남자가 열등의식을 느낀다는 것은 죽은 것과 같다는 것을 말해주고 싶네. 사람마다 성격이 다 다르듯이 각자의 인생에서 갖게되는 기회 역시 다르다네. 자네는 잠재력이 없는 것이 아니라 도전정신이 부족한 것 같네. 모든 사람이 다 직함 있는 자리에 오를 필요가 있겠나? 인생을 살아가는 데는 많은 길이 있다네. 다만 그 길을 한 걸음 한 걸음씩 차근차근 걸어간다면 무슨 일에서도 성과를 얻을 수 있다고 보네. 지금 그곳은 개혁개방의 좋은 시기가 도래하여, 젊은이가 실력과 뭔가 해내려고 하는 도전정신만 있다면 대단한 성과를 거둘 수 있다고 들었네. 나는 자네가 열등감을 떨쳐버리고 자네가 가지고 있는 장점을 충분히 발휘만 한다면 훌륭한 성과를 거둘 수 있다고 믿네.

　행복하길 바라네.

××

모월 모일

××：

　　来信收悉，因公务缠身，朋友之间很少联系，也了解甚少，望见谅。

　　你还是那种性格，过于谦虚。不要自卑！我想提醒你，男人一旦有了自卑感，就等于失去了自己的生命。人有不同的性格，不同的机遇。你不是没有潜力，而是欠缺敢闯的精神，当然并非每个人都得做官，人生的道路是宽广的，只要一步一个脚印踏踏实实的走下去，干什么都会做出成绩的。而且正逢改革开放的大好时代，年轻人若有实力和奋斗精神，就能做出辉煌的成就，希望·克服自卑，充分发挥自己的特长，相信你定能做出一番成绩来。

　　祝
　　愉快！

　　　　　　　　　　　　　　　××
　　　　　　　　　　　　　　　某月某日

1) **缠身** [chánshēn] : ~에 매이다.

因公务缠身无法应邀。(공무에 매인 몸이라 초대에 응할 수 없습니다.)

2) **甚** [shèn] : 매우, 아주.

　　CF 형용사로 쓰일 경우 – '정도가 지나치다, 심하다.'의 의미로 그 자체가 문장내에서 술어의 역할을 담당하고 있으며 중첩하여 사용할 수 없다.

　→ 欺人太甚。(사람을 너무 무시한다.)

　▶ 부사로 쓰일 경우 – '很' '极'의 의미로 쓰인다. 주로 文语에서 사용되며, '不'로 부정한다.

⋯⇾ 学习条件甚好。(학습환경이 매우 좋다.)
⋯⇾ 平时他不甚注重小节。
(평상시에 그는 사소한 일에 그다지 주의를 기울이지 않는다.)

3) **过于**[guòyú] : 지나치게, 너무, (수량이나 정도가) 필요한 수준을 초과할 경우.
▶ 他工作过于紧张。(그의 업무는 지나치게 바쁘다.)

4) **谦虚**[qiānxū] : 겸손하다, 겸허하다.

   CF '谦虚'와 '谦逊'의 비교

   A. 양자 모두가 '자만하지 않고 겸손하게 남의 의견을 받아들인다.'의 의미이지만, '谦逊'의 경우는 그 의미에 '예의 바르다'의 의미도 내포되어 있다. 때문에 '谦虚'의 경우는 '겸손하다는 의미'의 '谨慎' 등과 함께 쓰일 수 있지만 '谦逊'은 그 자체에 '겸손하다'라는 의미를 포함하고 있으므로 함께 쓰일 수 없다.
   ⋯⇾ 小朴是一个谦虚的人。(박군은 겸손한 사람이다.)
   ⋯⇾ 他们的气质是那样的淳朴和谦逊。
   (그들의 기질은 그렇게 순박하고 겸손하다.)

   B. '谦虚'은 口语에서 많이 쓰이지만, '谦逊'은 주로 文语로 많이 쓰인다.

   C. '谦虚'는 동사로도 쓰일 수 있지만, '谦逊'은 그럴 수 없다.
   ⋯⇾ 他谦虚了一番,终于答应了我的要求。
   (그는 겸손의 말을 하다가 끝내는 나의 요구에 응했다.)

5) **自卑感**[zìbēigǎn] : 열등감.
   ▶ 孩子的幼小心灵受到刺激和压力,就会产生自卑感,从而影响他们的成长。(어린이들의 어린 마음에 자극과 압력을 주어 열등감을 조성시키면, 그들의 성장에 영향을 끼치게 된다.)

6) **等于**[děngyú] : 본문에서는 '~이나 마찬가지 이다, ~이나 다름없다.'의

의미이다.

▶ 跟你说话等于对牛弹琴。(너하고 말하는 것은 쇠귀에 경읽기다.)

7) 机遇[jīyù] : 좋은 기회.

▶ 我碰到了好机遇。(나는 좋은 기회를 맞이하였다.)

8) 欠缺[qiànquē] : 부족하다, 결여되어 있다.

▶ 我觉得你在这儿过日子不欠缺什么。
(내가 보기에 네가 이곳에서 생활하는 데 아무런 부족함이 없다고 본다.)

9) 敢闯的精神[gǎnchuǎngjīngshén] : 도전정신.

10) 特长[tècháng] : 장기, 장점.

CF '特长'과 '擅长'의 비교

▶ '特长'은 '명사'로만 쓰이나, '擅长'의 경우는 '명사와 동사'의 쓰임이 있다. 때문에 '擅长'이 '동사'로 쓰인 경우에는 '特长'과 호환되지 못한다.

⋯▸ 雕刻是她的特长。(조각은 그녀의 특기이다.)

⋯▸ 他擅长(＊特长)外语。(그는 외국어를 잘한다.)

⋯▸ 那个足球队员擅长带球。(저 축구선수의 장기는 드리블이다.)

Ⅵ. 위로의 편지

1 부인상 당한 형을 위로하며 ……

××형에게 :

  2개월 동안 우리는 아무런 연락도 취하지 않아서 몹시 걱정하고 있었습니다. 사람일이라는 것이 참 알다가도 모르겠더군요. 어제 우연히 형수님이 돌아가셨다는 소식을 들었습니다. 마른하늘에 날벼락이라고 정말 큰 쇼크를 받았습니다. 최근에 형님이 사업을 막 일으켜서 하루 하루를 바쁘게 살아가는 데, 이렇게 갑자기 형수님을 떠나보내시니 얼마나 상심이 크십니까? 그러나 앞으로 남아있는 자녀들의 교육에 대한 책임이 막중하니, 슬픔을 자제하시고 건강에 유의하십시오. 길이 멀어 직접 영전을 찾아뵈올 수 없어 약간의 조의금을 동봉하여, 제 애도의 뜻을 전합니다. 형수님의 목소리와 웃음소리는 우리 곁에 영원히 남아서 우리가 그녀를 영원히 기억하게 할 것입니다. 거듭 건강에 유의하시길 빕니다.

×××로부터

×월 ×일

××兄：

    你整整两个月杳无音讯，实在令我坐立不安。人事的变迁，

> 真叫人难以揣测。昨天忽闻嫂子去世了，像是晴空炸雷，令人震惊！最近，你刚开始自己的事业，而每天非常忙碌，突然失去了嫂子，定是悲痛至极！你以后？善教育子女的责任重大，惟望节哀顺便，好好保重。因路途遥远，不能亲到灵前一奠，附上奠仪若干，请代祭奠，聊表无尽哀思。嫂夫人的音容笑貌犹在，大家会永远怀念她的。多多保重。
>
> 　　祝你健康！
>
> 　　　　　　　　　　　　　　　　　弟×××上
>
> 　　　　　　　　　　　　　　　　　　×月×日

1) **杳无音讯**[yǎowúyīnxùn]：소식이 깜깜하다.

   ▶ 派出打听消息的人，一天、两天、杳无音讯。
   (소식을 알아보라고 보낸 사람은 하루, 이틀이 지나도 소식이 깜깜하다.)

2) **变迁**[biànqiān]：변이하다, 변천하다.

3) **坐立不安**[zuòlìbù'ān]：매우 불안하다. 비슷한 성어로는 '忐忑不安'이 있다.

   ▶ 两个绅士都坐立不安，好象热锅上的蚂蚁。(두명의 신사는 모두 매우 불안하여, 뜨거운 가마 속의 개미처럼 허둥대고 있었다.)

4) **揣测**[tuīcè]：추측하다, 헤아리다.

   ▶ 谁得冠军，目前很难揣测。
   (누가 우승할 것인지는 지금으로서는 매우 추측하기 어렵다.)

5) **难以**[nányǐ] : ~하기 어렵다. 뒤에 쌍음절 동사, 동사구나 형용사가 오며 단독으로는 술어가 되지 못한다.

> ▶ 凭这点证据就断定密林中有野人，难以令人信服。(이 정도의 증거로 밀림안에 미개인들이 산다고 단정짓는 것은 믿음이 가지 않는다.)

6) **晴空**[qíngkōng] : 맑게 개인하늘.

> ▶ 본문에서의 '晴空炸雷'는 '마른 하늘에 날벼락'의 중국어식 표현이다.

7) **震惊**[zhènjīng] : 대단히 놀라다.

8) **节哀**[jiéāi] : 슬픔을 억제하다.

> ▶ 관용적인 표현으로 '请你节哀，多保重。
> (너무 상심마시고, 옥체를 보전하시기 바랍니다.)' 가 있다.

9) **奠仪**[diànyí] : 부의(賻儀), 조의금.

10) **祭奠**[jìdiàn] : 제사를 지내다.

11) **音容笑貌**[yīnróngxiàomào] : 음성과 웃음소리. 일반적으로 '사람에 대한 그리움'을 나타낼 때에 주로 쓰임.

> ⋯▶ 我国总统的音容笑貌、举手投足，人们都是熟悉的、理解的。(우리나라 대통령의 음성과 웃음소리, 그리고 그의 제스처는 사람들 모두가 익숙하고 잘 안다.)

2 자식을 잃은 슬픔을 위로하며 ……

××형에게:

　오랫동안 연락이 없었지만 저는 한번도 당신을 잊은 적이 없었습니다. 어제 출장갔다 돌아와서 막 방에 들어서자 당신의 편지가 책상 위에 놓여있더군요. 편지를 열어보고서야 당신의 큰아들이 교통사고로 요절한 것을 알았습니다. 정말 마음이 슬픔으로 메워졌습니다. 부모가 자식을 아끼는 것은 인지상정이지요. 당신 아들은 남달리 총명하여 당신이 매우 사랑하셨죠. 그런 아들을 갑자기 떠나보내고나서 얼마나 상심이 크십니까? 하지만 당신에게는 하나같이 총명하고 활발하며 배우기 좋아하는 다른 자식들이 있다는 것으로 어느 정도 위안을 삼으시고 너무 슬퍼하시지 마시길 바랍니다. 제 생각엔 이번 장례를 마무리짓고 난 후에 마음맞는 친구들과 함께 야외로 바람쐬러 한 번 가는 게 어떨런지요. 그러면 마음 속의 울적함을 조금이나마 덜 수 있을텐데요. 저의 생활은 항상 똑같은 생활의 연속이기에 별달리 말씀드릴 것은 없군요. 부디 건강에 유의하십시오.

×××로부터
모월 모일

××兄:

　好久没有联系, 但我一刻也没有忘记你。昨天我出差回来, 一进屋就发现书桌上放着你的信, 打开一看, 才知道你的大儿子因交通事故夭折, 真使我难过万分! 父母爱子, 乃人之常情, 何况这孩子聪明过人, 我知你异常疼爱, 今痛失所爱, 想你必然悲伤。但我想你尚有其他子女，个个聪明活泼，都堪教育，想到这点定可稍觉安慰，请你不要过于悲痛！我想你妥善处理后事后，邀二三志同道合的朋友，望到郊外去游览几天，调节一下情绪。我这里一切如常，无堪可告。纸短情长，清保重。

　　祝你健康！

弟 ××× 上

某月某日

1) **夭折**[yāozhé] : 젊어서 죽다, 요절하다.

2) **人之常情**[rénzhīchángqíng] : 인지상정, 사람이면 누구나 다 갖고 있는 감정.

　▶ 别客气，你生病了，我来看你，这是人之常情的事。(너무 예의 차리지 마라. 네가 아픈 데 찾아보는 것은 당연한 일이 아니겠니?)

3) **何况**[hékuàng] : 하물며, 反問하는 어감을 갖고 있다. 'A도 이러한 데 하물며 B는 말할 것도 없다'는 어감을 담고 있다.

　▶ 京剧，连中国人也听不明白，何况是你们老外呢？(경극은 중국인들도 분명하게 듣지 못하는 데 하물며 너희와 같은 외국인은 말할 것도 없지.)

4) **聪明过人**[cōngmíngguòrén] : 남들과 비교도 안 될 정도로 총명하다.

　▶ 这个小伙子从小聪明过人，学习成绩总是名列前茅。
　　(이 청년은 어려서부터 남달리 총명하여, 학습성적이 항상 최상위권이다.)

5) **异常**[yìcháng] : 매우, 대단히. '非常'이나 '特别' 등과 비슷한 의미로 주로 文语에 많이 쓰인다.

▶ 中国南方的六月，天气异常炎热。
(중국 남방의 6월의 날씨는 대단히 덥다.)

6) 堪 [kān] : ~하기에 족하다, 견디다, 참다. 본문에서 '~其他子女, ~, 都堪教育'의 의미는 '자녀들이 모두 교육을 받을만한 충분한 자질을 가지고 있다.'는 의미를 나타내고 있다.

7) 志同道合 [zhìtóngdàohé] : 의기가 투합 되는, 배짱이 맞는.
   ▶ 有光明的前途等待着你，是志同道合的伴侣，是称心满意的事业，是理想与事实一致。(빛나는 앞날이 너를 기다리고 있다. 의기투합되는 반려자, 마음에 꼭 맞는 사업, 또 이상과 실재가 결합된 앞날이 말이다.)

8) 借以 [jièyǐ] : ~에 의해서, ~함으로써.
   ▶ 明天我打算买一束花送给她，借以表达我对她的爱情。(내일 꽃다발을 그녀에게 사주면서 나의 그녀에 때한 사랑을 표현까 한다.)

9) 消除 [xiāochú] : (걱정이나 장애 등을) 해소하다, 풀다.
   ▶ 明天我打算去'乐天'游乐园玩玩，以便消除这几天积压的疲劳。(내일은 요 며칠 새에 누적된 피로를 풀기 위해 '롯데월드'에 가서 놀 생각이다.)

10) 沉闷 [chénmēn] : 울적하다, 답답하다.
    ▶ 大家都不出声儿，屋里的气氛很沉闷。(모두들 아무런 말도 없어, 방 안의 분위기가 매우 답답했다.)

3 모친상의 소식을 듣고……

××:

　陳형의 메일을 받고서야 어머님께서 지병으로 별세하셨다는 소식을 접했다. 이 불행한 소식으로 인해 몹시 괴로웠다. 자네 어머니는 정말 우리들의 존경을 받으실만한 분이셨지. 그 분은 능력 있는 사업가이셨고, 또 나를 친아들같이 대해주셨는데……. 이렇게 갑자기 우리 곁을 떠나시다니……. 앞으론 어머님의 그 따뜻한 사랑을 다시는 받지 못하겠지. 정말 마음이 아프구나. 나는 이 편지를 통해 심심한 애도의 뜻을 보낸다. 사람은 한번 가면 다시 오지 않으니, 부디 슬픔을 이겨내길 바란다. 그리고 아버님도 슬픔을 이겨내시고 건강에 유의하셨으면 싶다. 내일 북경발 비행기를 예약해 놓았으니, 내일 내가 가서 어머님의 장례를 도와줄게. 부디 건강에 유의하길 바란다.

　　　　　　　　　　　　　　　　××로부터
　　　　　　　　　　　　　　　　모월 모일

××:

　刚接到老陈的e-mail，惊悉伯母突然因病逝世，得知这不幸的消息，非常难过。
　伯母是一位可亲可敬的长辈，何况她老人家对我就象亲生儿子一样，真没想到她会突然离我们而去。这真是令人痛心！在此，我谨表深深的哀悼。人死不能复生，望你能节哀。同时请代为向伯父致意，请他节哀，望他保重身体。

> 我今天订了明天飞往北京的机票，明天到你那儿帮你妥善处理后事，望你保重身体。
> 　　保重！
>
> 　　　　　　　　　　　　　　弟××上
> 　　　　　　　　　　　　　　　　某月某日

1) **伯母**[bómǔ] : 큰어머니, 친구 어머니.

2) **值得**[zhíde] : ~할 만하다, ~할 의의가 있다.

　　A. '값에 상응하다.' 의 의미로 쓰인 경우
　　⋯▸ 花200多块钱买这么好的衣服，很值得。
　　　　(200원 남짓에 이렇게 좋은 옷을 사다니 정말 괜찮다.)

　　▶ 부정은 '不' 하는데, 일반적으로는 '不值得' 라고 표현하지만, '值不得' 라고 표현하기도 한다.
　　⋯▸ 为这件小事不值得烦你跑一趟。
　　　　(이런 하찮은 일로 당신이 번거롭게 다녀오실 필요는 없습니다.)

　　▶ '值得' 는 명사 목적어를 가지지 못한다.
　　⋯▸ 为自己孩子的将来着想，她购置了价值(＊值得)一百多万元的电脑。
　　　　(아이의 장래를 위해 싯가 100만원 이상 되는 컴퓨터를 구입해 설치하였다.)

　　B. '가치나 의의가 있다.' 의 의미로 쓰인 경우 - 본문에 쓰인 용법이다.
　　⋯▸ 老王这种助人为乐的精神值得我们学习。
　　　　(MR.왕의 남을 도와주기 좋아하는 정신은 우리가 본 받을 만하다.)

3) **谨**[jǐn] : 정중히, 삼가, 공손히. 文语에서 '공손함' 과 '정중함' 을 나타낼 때 '谨~' 을 쓴다.

　　⋯▸ 对您一如既往的关照，谨在此致谢。

(당신의 변함 없는 보살핌에 대해 이 글을 통해 정중히 감사 드립니다.)

5) 哀悼[āidào] : 애도하다.

▶ 向死者家属表示深切的哀悼。
(고인의 가족에게 깊은 애도의 뜻을 표하다.)

4 실연 당한 이를 위로하며……

××형에게:

　내가 몇 번이나 너에게 e-mail을 보냈는데 계속 답장을 안 해주더구나. 예전에 너는 내 소식을 받자마자 곧바로 답장을 해주는 훌륭한 펜팔친구이었잖아. 아무리 생각해봐도 너에게 무슨 일이 있는지 모르겠더구나. 어제 네 E-mail을 받고서야 네가 여자친구로부터 실연을 당했다는 것을 알게되었다. 우리들은 비록 동갑이지만 내가 결혼한 지 3년여 되었으니, 한마디를 말해줄 자격이 있다고 본다. 중국 옛사람이 말하기를 "세상의 절반은 여자"라고 했잖은가. 너같이 좋은 조건을 가지고 결혼 못할까봐 그러니? 네 감정이 괴로워도 이런 일 때문에 기가 죽고 소극적이 되어선 안 되겠지? 내 관점에서 볼 때는, 네 능력이라면 먼저 네 나름대로의 성과를 거둔 후에 여자친구를 찾아도 늦지 않을 것 같다. 네가 할 많은 일들과 사회가 너를 기다리고 있지 않니? 네가 앞으로 열심히 노력한다면 너의 진정한 사랑을 찾을 수 있으리라 본다. 머리 좋은 너라면 이 정도는 이미 알고 있겠지. 네 행복이 바로 내 행복이고, 네 아픔이 바로 내 아픔이다. 네가 기운 차릴 것으로 믿는다.

×××로부터

×월 ×일

××：

　　我发了好几次e-mail给你，但一直没有回音。你以前不是一接到就立即回复的老笔友嘛，我想来想去，真搞不清你到底出了什么事。昨天我收到你的e-mail后，才知道你最近被女朋友给甩了。我俩虽然同岁，但我已结婚三年多，因此我想我有资格劝你。中国古人说得好，"天涯何处无芳草。"你有了这么好的条件，还怕娶不上老婆吗？你非常痛苦这我可以理解，但不能因此就萎靡，就消极。以我的观点，你那么能干，打出自己的江山后，再找女朋友也来得及。有很多事业等着你，社会也等着你，你一定能在今后的奋斗里找到属于你自己的恋人。你非常聪明，这个道理早该明白。你的幸福也是我的幸福，你的痛苦，也是我的痛苦。相信你会振作起来的。

　　祝你快乐！

×××上
×月×日

1) **搞不清** [gǎobuqīng] : 정확하게 뭔지 모르겠다.

　⋯▶ 我搞不清问题出在什么地方。(문제가 어디서 생겼는지 잘 모르겠다.)

2) **老笔友** [lǎobǐyǒu] : 절친한 펜 벗.

3) **甩** [shuǎi] : 떼어놓다. 口語로 '이성친구에게 차이다' 라는 의미로 쓰인다.

　⋯▶ 你知道吗？被人甩的感觉多么难受。
　　(누구에게 차이는 기분이 얼마나 괴로운 지 아니?)

4) **天涯何处无芳草** [tiānyá héchù wúfāngcǎo] : 세상 어디에 여자 없는 곳이 있겠는가? 세상에 절반은 여자라는 의미.

5) **萎靡** [wěimǐ] : 기운이 없다, 기가 죽다.

6) **打出自己的江山** [dǎchū zìjǐde jiāngshān] : 자신의 분야에서 확고한 위치를 확보하다.

　⋯▶ 我在经济上要独立，而且在事业上要打出自己的江山来。(나는 경제적으로도 독립하고 싶고, 또 사업 방면에서도 내 자신의 입지를 공고히 하고싶다.)

5 실업을 당한 친구를 위로하며……

××에게:

오랫동안 편지왕래가 없었지만 항상 너를 염려하고 있었어.

어제 학교 기숙사에서 우연히 朴군을 만났는데, 네 얘기를 꺼내더구나. 네가 저번에 회사가 부도가 나 실직한 이후로 지금까지 반년동안 심각한 물질적, 정신적 압박에 시달린다고 하더구나. 내가 보기에 한국의 현재 경제사정이 작년보다는 많이 좋아졌기는 하지만, 직장을 구하기는 여전히 힘들다고 본다. 너는 중국어와 컴퓨터방면의 조예가 깊으니 차라리 우리회사에 와서 일하는 것이 어떠니? (네 의견을)이번 주 내에 나에게 메일을 보내주길 바래. 만약 내가 말한 제의에 동의한다면 우리회사 사장님께 자네를 천거하도록 하지. 취업문제 때문에 골치를 썩히지 않길 바란다. 우리가 어떤 사이이니? 이번 일은 나한테 맡기도록 해.

××

모월 모일

××仁兄:

好久没有通信，时在念中。

昨天在学生宿舍里偶然碰见小朴，谈起你自从公司倒闭回家后，一直失业到现在，半年以来，物质、精神上都压力沉重。我看最近韩国经济情况虽然比去年恢复了很多，但找工作还是很费劲儿的。说实在的，你在汉语和电脑方面颇有造诣，如果你愿意，干脆来我公司工作！

　　请于本周内给我e-mail，如果你接受上述建议，我会立即向老板推荐。你千万不要因就业的事烦恼，咱俩谁跟谁呀，这件事儿全包在我身上好了。

　　敬祝

　　时安！

××上

某月某日

---

1) **倒闭** [dǎobì] : 파산하다, 부도나다.

2) **靠** [kào] : 의지하다, 믿다.
   ▶ 学习光靠别人帮助不行，要靠自己的刻苦努力。(공부는 오로지 다른 사람의 도움에만 의지하면 안되고, 자신의 피나는 노력이 있어야 한다.)

3) **费劲儿** [fèijìr] : 힘들다.
   ▶ 你不要白费劲儿了。(괜한 힘만 빼지 마라.)

4) **尽力而为** [jìnlìérwéi] : 힘을 다해 하다.
   ▶ 我会尽力而为的。(최선을 다해 이 일을 완수할 것입니다.)

5) **推荐** [tuījiàn] : 천거하다, 추천하다.
   ▶ 我想推荐一位优秀的学生去贵校进修。
   (저는 우수한 학생 한 명을 귀교에서 연수할 수 있도록 추천할까 합니다.)

CF '推荐'과 '推举'의 비교

'推荐'은 '어떤 사람의 우수한 점을 소개하여 개인이나 단체로 하여금 임용하거나 쓰도록 하는 것'이라면, '推举'는 '어떤 이를 거명 후에 선출하여 특정한 임무를 맡도록 하는 것'에 그 의미의 중점이 있다. 또 '推荐'이 사람이나 사물을 모두 그 대상으로 삼을 수 있는 반면에 '推举'는 사람만을 그 대상으로 할 수 있다.

⋯ 他是德才兼备的好干部, 我们推荐他出席省代表大会。(그는 덕과 재능을 함께 갖춘 간부이기에, 우리는 그를 省대표자 회의에 참석하도록 추천하였다.)

⋯ 他给我推荐了一些新上市的产品。
(그는 나에게 새로 출시된 제품을 추천하여 주었다.)

⋯ 你是我们全村推举出来的, 可不要辜负了乡亲对你的期望。(당신은 마을 전체가 선출한 사람이니 마을사람들이 당신에게 거는 기대를 저버려서는 안 된다.)

6 빨리 완쾌하시길 바랍니다……

××에게:

며칠 동안이나 네가 수업에 들어오지 않아 매우 걱정했다. 朴군이 오늘 수업 전에 네 근황을 알려준 후에야 네가 독감에 걸려 치료를 받고 있다는 것을 알았다. 요 며칠 전에 신문에서 요즘 아주 심한 독감이 유행한다던데, 요즘 네 병세가 어떤지 궁금하구나.

원래는 네 집에 찾아갈 생각이었는데, 공교롭게도 집사람 비자연장 문제가 아직 해결되지 않아서 가지 못했다. 이 일이 처리된 후에 찾아갈테니 부디 양해해주길 바란다. 너는 워낙 건강체질이니 곧 완쾌되리라고 믿는다. 朴군에게 과일 바구니를 보내니 부디 흔쾌히 받아주길 바란다.

××로부터

모월 모일

××兄:

好几天没见你上课，心里很是挂念，小朴今天上课之前来告诉我，才知道你患了重感冒并正在治疗中。几天前在报纸上看到最近流行感很厉害，不知你现在病况如何？

本来打算去你家看你，恰巧我有要紧的事，我老婆延期签证的事儿还没办好，我要立刻妥善处理此事。

我办好了以后，就会去看你，请你原谅。你身体一向健康，我相信不久以后你就会完全康复的。现在托小朴带上水果一篮，望兄笑纳。
　顺祝
　　早日康复

　　　　　　　　　　　　　　弟×× 敬上
　　　　　　　　　　　　　　　某月某日

1) **几天前** [jǐtiānqián] : 요 며칠 전에.

　CF '前三个月'와 '三个月前'의 비교

아주 간단한 문제처럼 보여서 많은 학습자들이 혼용해서 쓰고 있는 데, 사실 양자의 의미는 다르다. 전자는 '前面的三个月(특정 기간에서 앞의 3개월)'의 의미라면, 후자는 '三个月以前(3개월 이전에)'의 의미이다. '前'과 '기간'이 연용 될 때는 의미의 차이에 의해 순서를 주의해서 써야한다.

　· 在这个地区，每年的前三个月是降水量最集中的时期。(이 지역에서는 매 년 전반기 3개월이 강수량이 집중되는 시기이다.) - '1월, 2월, 3월'을 의미한다.

　· 现在是五月，我三个月前见到过他。(지금은 5월이니까, 3개월 전에 그를 만났지.) - 여기서는 '2월'을 의미한다.

2) **厉害** [lìhài] : (정도가)매우 심한, '厉害'의 경우 이 뜻을 제외하고 '상대하기 벅찬, 감당하기 힘든'이라는 의미도 口語에서 많이 쓰인다.

　你嘴巴真厉害，没人说得过你。(네 언변을 누가 당해내겠니?)

3) **妥善** [tuǒshàn] : 알맞게, 타당하게.

　▶ 我没有把这件事妥善处理好，所以老师批评了我一顿。
　　(이 일을 제대로 처리하지 못했기에 선생님께 한 마디 들었다.)

4) 立刻[likè] : 즉시, 곧, 당장.

> **CF** '立刻'와 '马上'의 비교

'立刻'는 '시간 상 곧바로 일어날 일'의 경우에만 쓰이는 데 비해 '马上'은 시간적인 긴박감이 떨어지는 경우에도 쓸 수 있다. 때문에 아래 예문의 경우는 '马上'을 '立刻'로 바꿔 쓸 수 없다.

⋯▶ ××公司的技术水平马上就要超过咱们了, 咱们得加劲儿干啊！
(××회사의 기술수준이 머지않아 우리를 앞지를 것 같으니 더욱 박차를 가해야겠다.)

5) 恰巧[qiàqiǎo] : 때마침, 공교롭게도. 동사나 형용사 앞에서 부사어로 쓰임. 위치는 주어 앞이나 뒤에 옴. 보어로는 쓰이지 못함.

⋯▶ 这辆车来得(＊恰巧)正好, 我们正着急找不到车送人呢。(우리가 막 배웅 나간 사람을 태워보낼 차를 잡지 못해 조급해하고 있을 때, 때마침 이 차가 왔다.)

6) 健康[jiànknāng] : 건장하다.

▶ 合理的营养和适当的体育锻炼, 能使人获得健康的身体。
(합리적인 영양과 적당한 운동은 건장한 신체를 가질 수 있게 한다.)

7) 托[tuō] : 대신 ～할 것을 부탁하다.

▶ 我要托她购买电脑。
(그녀에게 컴퓨터를 내 대신 사줄 것을 부탁하려 한다.)

8) 笑纳[xiàonà] : 남에게 선물할 때나, 선물과 동봉된 편지에 쓰는 용어로 '보잘 것 없는 물건이지만 웃으며 받아주시길 바랍니다.'의 의미이다.

Ⅶ. 업무에 관계되는 서신

1 ××선생님께

××씨에게 :

안녕하십니까! 저는 연변대학 중문과의 ×××입니다. 당신의 친절한 도움으로 인해 이번 4월1일부로 대전소재의 ××대학에 올 수 있었습니다. 원래는 시간을 내서 선생님을 직접 찾아 뵙고 인사드릴 생각이었지만 이 곳에서 제게 할당한 강의시간이 너무 빡빡하더군요.(일주일에 총16시간이고, 토요일에도 강의가 있습니다.) 때문에 서울에 갈 수가 없어서, 이렇게 서신을 통해 안부를 올립니다. 편지와 함께 제가 쓴 책도 한 권 동봉합니다. 부디 가르침을 주시길 바랍니다.

×××올림

×월 ×일

××先生:

你好！我是中国延边大学中文系的×××。在您的热情帮助下，我于四月一日到达了大田××大学。本打算一到这儿便抽时间去登门拜谢。不料这儿给我排的课程很满(一个星期十六节课，甚至星期六还上课)。因此，没法抽出时间去汉城，只好提笔给您写信问好，望您海涵。今随信寄给您拙著一本，望指正.

顺颂

```
              大安！

                              ×××上
                                ×月 ×日
```

1) **拜谢** [bàixiè] : 감사를 올리다.

2) **不料** [búliào] : 예상치 못하다. 일반적으로 뒷 절의 '却, 竟, 倒' 등의 부사와 호응하여 쓰인다. 주의할 점은 '不料'는 복문에서 뒷 절의 첫머리에 와야 한다.

   ▶ 多年不见的朋友，不料却在汉城遇到了。
   (몇 년동안 보지못했던 친구를 뜻하지 않게 서울에서 만났다.)

3) **望您海涵** [wàngnínhǎihán] : 부디 이해해 주시길 바랍니다.

4) **拙著** [zhuōzhù] : 졸저. 자신의 저작물을 겸손하게 일컫는 말.

5) **指正** [zhǐzhèng] : (잘못을) 지적하여 바로 잡다, 시정하다. 자신의 작품이나 의견에 대한 비평을 남에게 청할때에 쓰이는 말.

   ▶ 他总喜欢指正别人的错误，但自己的错误永远也改不了。
   (그는 남의 잘못에 대해 지적하길 좋아하지만 자신의 잘못은 영원히 고치지 못할 것이다.)

2 ××씨께

××씨에게 :

안녕하십니까?

바쁘신 가운데 저를 위해 이번에 힘써주신 것에 대해 감사드립니다. 오늘 기입이 다 된 양식을 팩스로 보냅니다. 만약 기입내용이 불명확한 부분은 전화나 팩스를 통해 연락하도록 하죠. 신청양식에 부칠 사진을 최대한 빨리 보내드리도록 하겠습니다. 등록비용은 대신 먼저 내주시면 제가 후에 찾아뵐 때에 드리도록 하죠. 비자문제는 여행사가 대행해 주고 있으니 별문제가 없을 것으로 사려됩니다.

다시금 감사하다는 말씀을 올립니다.

××올림

이 곳의 팩스번호는 86-10-8262××××입니다.

××先生 :

您好?

多谢您在百忙之中帮我办这些琐事。现将填好的表传过去, 如有填得不清楚的地方, 我们打电话或通过传真联系。我将尽快把要贴在表上的照片寄给您。报名费您先帮我垫付, 见面时我再还您吧。签证一事旅行社正在办, 问题不大。

再次表示感谢!

××上

另, 我这边的传真号是 : 86-10-8262××××

1) **琐事**[suǒshì] : 자질구레한 일, 번거로운 일. 비슷한 표현으로는 '杂事'이 있다.

   ▶ 家里所有琐事都由我太太来处理。
   (집안의 모든 자질구레한 일은 모두 내 집사람이 도맡아서 한다.)

2) **报名费**[bàomíngfèi] : 참가 신청비.

3) **垫付**[diànfù] : 돈을 잠시 대신 지불하다. 口语에서는 '替~垫着'를 많이 쓰인다.

   ▶ 洗衣机的钱我先替你垫着, 以后再说吧。
   (세탁기 산 돈은 먼저 내가 지불했으니 다음에 다시 이야기하도록 하자.)

3 진××주임께

진××주임에게:

안녕하십니까?

본 사의 강××부장의 상해 방문 비행기편은 아래와 같습니다.

2000년 1월 12일 OZ3335기를 타고 SEOUL에서 9시 20분에 출발하여 상해에는 중국시간기준으로 10시 10분에 도착합니다.

××회사 출국팀

×××

陈××主任：

您好?

本公司姜××部长访上海之飞机班次行程如下：

2000年1月12日 OZ3335 SEOUL 9:20出发

上海(中国时间)10：10 到达

××公司出口部

×××

1) **班次**[bāncì]：운행횟수.

2) **行程**[xíngchéng]：일정.

▶ 他的行程安排如下。(그의 여정은 아래와 같다.)

3) **主任**[zhǔrèn]：주임.

4 ××회사 영업부 ××씨께

×××회사 영업부 ××씨께:

안녕하십니까!

북경에서 당신과 헤어진지 벌써 3달여가 지났군요. 하시는 일들이 잘 되고 있으리라고 생각됩니다. 당신께 2가지일을 부탁드릴까 합니다.

1) 중국의 초청장은 반드시 중국어로 작성되어야지 영문으로 작성된 것은 안 된다고 하더군요. 귀사에서 중국어로 된 초청장을 다시 부쳐주셨으면 합니다.

2) 아울러, 공예박람회에 관한 간략한 소개도 보내주십시오.

상기한 두 가지일은 시간이 매우 촉박하오니 10월12일전에 정확한 회신이 있길 바랍니다.

×××대학 중문과

학과장 ×××올림

××公司营业部××× 先生:

您好!

在北京与您分别已有半个月了, 想必一切都好。

现有两件事拜托:

一、邀请函必须是中文的, 英文的不行, 只好请贵公司重发一份中文邀请函。

二、同时, 请附一份工艺博览会的简介。

上述两件事再也不能延误了, 因此务请于10月12日之前给予明确答复，切盼切盼。
　　顺致
秋安！

　　　　　　　　　　　　　××公司出口部
　　　　　　　　　　　　　×××上
　　　　　　　　　　　　　2001年8月6日

---

1) **延误** [yánwù] : 질질 끌어 시기를 놓치다.

2) **切盼** [qièpàn] : 간절히 바라다. 본문의 표현을 '～为盼'의 문장형식으로 표현할 수 있다.

　⋯▶ 因此务请于10月12日之前给予明确的答复为盼。
　　　(이 때문에 10월12일전에 정확한 답을 주시길 간절히 바라겠습니다.)

VIII. 차용에 관계되는 편지

1 책을 돌려주겠니?

××에게 :

　수술 후 지금쯤 잘 회복 되어가고 있겠구나. 입원할 때 내가 빌려준 王朔의 "看上去很美"라는 책을 다 읽었나? 최근에 나는 논문 한 편을 준비하고 있다네. 예전에 내가 그 책을 읽을 때 규범문법에 어긋나는 문장들을 발견했는데, (때문에)이번 논문에 그 책이 몹시 필요하군. 자네가 빨리 돌려줬으면 하네. 내가 필요한 문장들을 베낀 후에 다시 빌려줌세. 빨리 회복되길 바라네.

××올림

모월 모일

××

　想你手术后正在顺利康复。住院期间，我借给你的王朔写的《看上去很美》那本书，是否已看完？我最近在准备一篇论文，记得以前看那篇小说时，发现了好几个不合规范语法的句子，因此我现在需要那本书，请你早日还给我。我抄完我所需的句子后，再借给你，好吗？

>   祝
>   早日康复！
>
>   ××敬启
>   某月某日

1) **康复**[kāngfù] : '健康恢复'의 준말로 '건강이 회복되다.'의 의미이다.

2) **规范语法**[guīfàn yǔfǎ] : 규범 문법.

   CF '发现'과 '发觉'의 비교

   A. '发现'과 '发觉'은 공통적으로 '이전에 어떤 사람도 주의를 기울이지 않았던 일에 대해 알게 되었다.'라는 의미를 가지고 있다.
   … 他以为躲在这儿不容易被人发现(发觉) : 그는 이 곳에 숨으면 다른 사람에게 쉽게 발견(발각)되지 않을 것이라고 생각했다.

   B. 하지만 '发见'에는 '탐색과 연구를 통해 다른 사람이 이전에는 보지 못했던 것을 찾아내었다.'라는 의미도 있다. 물론 이 때는 '发觉'과 상호 변환되지 못한다.
   … 中国是最早发现(*发觉)和利用茶叶的国家。: 중국은 가장 먼저 차 잎을 발견(*발각)하고 사용한 나라이다.

   C. '发现'은 또 명사로도 쓰인다.
   … 重大发现 (중대한 발견)

   CF '标准'과 '规范'의 비교

   양자 모두 '사물을 평가하거나 가늠하는 기준이나 원칙'의 의미이지만 그 용도는 약간의 차이를 가지고 있다. 먼저 '标准'이 사물이든 사람이든 다 쓰일 수 있는 데 반해, '规范'은 '사회 구성원들의 약속에 의해서 만들어진 인위적인 규칙'으로서 주로 '언어, 행동, 도덕' 등의 문제에 그 쓰임이 국한된다.
   … 她是一个标准的东方美女。(그녀는 표준적인(전형적인) 동양 미녀이다.)

⋯▶ 实践是检验真理的唯一标准。
  (실천은 진리를 검정하는 유일한 표준이다.)
⋯▶ 大街小巷随处可见一些书写不规范的汉字。
  (거리와 골목 어디서든 규범에 어긋나는 한자들을 볼 수 있다.)

2 ××에게

××씨에게 :

　편지는 잘 받아보았네. 자네 편지를 통해 모든 일이 잘 되어가고 있다는 것을 알게 되어, 정말 기뻤네. 자네는 내가 재물운이 갑자기 좋아졌다고 하는데, 사실 모든 것이 우연한 기회를 통해 이루어진 것이네. 예전에 내가 광주에 출장 갔을때 비행기에서 우연히 마음이 통하는 대만상인을 만나게 되었다네. 우리 둘 다 처음 만났지만 서로를 오랜 친구처럼 느꼈고, 진심으로 대했다네. 여러 차례 만난 후에 동업이야기를 나누게 되었고, 그 후 일년간 우리가 열심히 하니까 사업이 서서히 활기를 띠기 시작하더군. 나는 자네도 우리회사에 와서 함께 일하며 앞일을 도모했으면 싶군. 물론 자네가 굳이 3만달러를 빌려서 자네 독자적인 사업을 하겠다면 나도 말릴 생각은 없네. 자네가 우리와 함께 일하는 것과 관계없이 지금 3만달러를 보내니 우선 급한 불부터 끄게.

　모든 일이 잘되길 빌겠네.

　　　　　　　　　　　　　　　　　　×××

　　　　　　　　　　　　　　　　　　모월 모일

××兄 :

　来信收到, 得知你一切安好, 甚是高兴！你说什么我财运宏达, 其实只是一次偶然的机会。前年去广州出差, 在飞机上认识了一位谈得来的台商, 大家都一见如故, 真诚相待。通过几次接触后, 我们决定合伙做生意, 经过一年的努力, 我们的生意慢慢红火了起来。我希望你能来我公司共展宏图。当然你硬要借三千美元自谋生路，我也不反对。不管你是否能来，今日特寄上三千美元以解你燃眉之急，敬请查收。

　祝

万事顺畅！

×××

某月某日

1) **财运宏达** [cáiyùnhóngdá] : 재운이 열리다.

2) **其实** [qíshí] : 사실은, 실재로는. 자신이 말하는 것이 진실하다는 것을 나타내며, 복문에서 앞 절의 내용에 대한 수정이나 보충의 의미를 갖는다.
    ▶ 看起来她在笑，其实她心里很难过。(그녀가 지금 웃고 있는 것으로 보이지만, 사실 그녀의 마음은 매우 괴롭다.)

3) **谈得来** [tándélái] : 말이 통하는.
    我俩很谈得来。(우리 둘은 매우 이야기가 잘 통한다.)

4) **一见如故** [yījiànrúgù] : 처음 봤지만 오랫동안 알고 지내던 사이처럼 친밀하게 느껴진다.
    ▶ 他们俩一见如故，很谈得来。(그 두 사람은 초면이지만 오랜 친구 사이처럼 매우 이야기가 잘 통한다.)

5) **合伙** [héhuǒ] : 동업하다.

6) **共展宏图** [gòngzhǎnhóngtú] : 함께 원대한 계획을 세우다.

7) 硬 [yìng] : 완강하게 ~하려하다, 굳이 ~하려하다.

   A. 본 문에서는 '의지가 굳건하거나 태도가 강경하다.' 는 의미로 쓰인 경우이다.
   ⋯▶ 这个硬汉子, 从不向困难低头。
   (이 터프가이는 어려움에 고개 숙이는 일이 없다.)

   B. 사람간의 관계가 좋지 않을 경우는 '硬' 을 쓸 수 없다.
   ⋯▶ 我们住在一个地方, 可是我们的关系非常僵(* 硬)。
   (우리는 같이 살지만 우리 사이의 관계는 좋지 않다.)

   C. 사람의 마음이 선량하지 못한 경우에도 역시 쓸 수 없다.
   ⋯▶ 他的心眼越来越坏(* 硬)。(그의 마음은 갈수록 고약해진다.)

8) 不管 [bùguǎn] : ~에 관계없이, ~을 막론하고.

   CF '不管', '尽管', '只管' 비교

   A. '不管' 은 '无论' 과 뜻이 유사하다. 복문의 앞 절에서 '不管' 이 쓰이면 뒷 절에는 '都／也' 가 쓰여 호응한다.

   A-1. 의문사 '什么', '谁', '怎么' 등이 쓰인 경우
   ⋯▶ 不管我说什么, 他都不相信。
   (내가 뭐라 하던지 간에 그는 믿지 않는다.)

   A-2. '多么' 가 쓰인 경우
   ⋯▶ 不管雨下得多么大, 他也一定会来的。
   (비가 아무리 내리더라도 그는 반드시 올 것이다.)

   A-3. '동사不동사' 와 '형용사不형용사' 구문이 쓰였을 경우
   ⋯▶ 不管来不来, 你都要告诉我一下儿。
   (오든 안 오든 나에게 알려다오.)

   A-4. '~还是~' 가 쓰였을 경우
   ⋯▶ 这件事不管对你还是对我, 都是很重要的。
   (이 일은 너한테든 나한테든 매우 중요하다.)

   B-1. '尽管' 이 '虽然' 의 의미로 쓰였을 경우 - '可是, 但是' 등 역접의미

의 관계사와 연용되어 쓰인다. 이 때 '尽管'은 '不管'과 달리 복문의 앞 절에서 '什么'나 '谁' 등의 의문사와 '多么'나 '동사不동사', '형용사不형용사', '~还是~' 등도 함께 쓰일 수 없다. 아래 예문을 통해 비교해보자.

⋯▶ 不管雨下得多么大，他也一定会来的。
(비가 아무리 세차게 오더라도 그는 반드시 올 것이다.)

⋯▶ 尽管雨下得这么大，但是他还是来了。
(비가 이렇게 오는데도 그는 왔다.)

B-2. '尽管'이 '只管'의 의미로 쓰였을 때

⋯▶ 这几本词典都是我的，你尽管(= 只管)用。
(이 사전들은 모두 내 것이니 네 마음껏 쓰도록 해라.)

9) **燃眉之急** [ránméizhījí] : 아주 급한 일이나 상황. 비슷한 성어로는 '十万火急'나 '急如星火'가 있다.

10) **查收** [cháshōu] : (보낸 것을) 살펴보고 받다.

3 라디오를 돌려주길 바래……

××누나에게:

요즘에 바쁘다면서요. 공부하면서 일한다고 들었는데, 두 가지 일을 동시에 병행할 수 있는 능력만은 알아줘야 한 다니까요. 저번에 일주일 후쯤 돌려준다는 약속을 하시고, 제 휴대용 카세트를 빌려 가셨는데, 일주일이 훨씬 지났는데도 아직 돌려주지 않는군요. 아마 아직 필요하시거나 일이 바빠서 깜박하셨죠? 만약에 제가 당장 필요하지 않는다면 일주일이 아니라 일년을 빌려드려도 되지만, 다음주에 제가 중국어능력평가시험이 있거든요. 잘 아시겠지만 제 중국어 히어링이 많이 떨어지잖아요. 때문에 많은 노력을 해야 하거든요. 이번 학기부터 제가 고급반 수업을 듣기 시작하는데 고급반 수업은 독해와 작문위주로 구성이 되어있어서 듣기는 휴대용 카세트를 가지고 연습하는 것밖에는 방법이 없답니다.

곧 돌려주시면 정말 감사하겠습니다.

××올림

모월 모일

××姐：

听说你近来忙得很，要一面读书，一面工作，是不是？你能"手眼并用"真是令人佩服！

上次借去的随身听，你说一星期归还，现已过了一星期，或许你还需要用它？或者是工作忙忘记了？

假如我不需要用的话，不要说你借一星期，就是借一年，也没有关系。我下星期有H.S.K考试，你知道我在听力方面比较薄弱，因此非下苦功练习不可。我从这个学期开始上高级班的课，这个高级班的课程主要是阅读和造句，实在没有办法，必须用随身听来进行练习，因此急需用它。

　　如蒙马上送还，真是感激不尽！再会。

　　祝

快乐！

××上

某月某日

1) **既 A, 又 B** [jì A, yòu B] : 'A도 하고, B도 하다.'의 의미임. 동사나 형용사가 A와 B의 자리에 쓰이며 '동시에 두 가지 성질이나 상황을 주어가 가지고 있다.'의 의미를 나타낸다. 이 때에 주의할 점은 동사든 형용사이든 A와 B의 자리에 쓰일 때는 동일한 의미의 범주에 있어야 한다는 것이다.

　　…▶ 她既没来过我这儿，我也没去过她那儿，每次我们都是在公园见面。(그녀가 나를 찾아온 적도 없고, 내가 그녀를 찾아간 적도 없다. 우리는 매번 공원에서 만났다.)

2) **手眼并用** [shǒuyǎnbìngyòng] : 손으로 이 일을 하면서 동시에 눈으로는 다른 일을 한다. 여러 가지 일을 한꺼번에 하여도 실수 없이 잘 처리한다.

3) **佩服** [pèifú] : 탄복하다, 감탄하다. 비슷한 표현으로는 '钦佩'와 '佩服得五体投地' 등의 표현이 있다.

　　▶ 人人都佩服他的勇敢。(사람들은 모두 그의 용감함에 탄복한다.)

4) **随身听** [suíshēntīng] : 휴대용 카세트.

5) **归还** [guīhuán] : 반환하다, 돌려주다.
   ⋯▶ 向图书馆借的书，要按时归还。(도서관에서 빌린 책은 제 때에 반환해야 한다.)

6) **也许** [yěxǔ] : 어쩌면, 아마도.
   A. '아마 ~일 것이다.'의 의미일 때. 추측하거나 확실하게 단정짓지 않는 태도를 나타낸다.
   ⋯▶ 也许他已经动身了。(아마 그는 이미 출발했을 것이다.)
   B. '완곡한 긍정'의 의미를 나타낼 때. '어쩌면 ~이라 할 수 있다.'의 의미로 뒤에 부정어가 와서 이중부정의 의미를 나타낼 수 있다.
   ⋯▶ 作教育工作的，懂得点心理学也许是十分必要的。
   (교육자에게 심리학에 대한 이해는 매우 필요하다고 할 수 있다.)
   ⋯▶ 让张老师给新生讲讲学习的态度和方法，也许不是无益的。(장선생님이 신입생들에게 학습태도와 방법에 대해 강의하게 하는 것은 아마 매우 유익하다 할 수 있다.)

7) **的话** [dehuà] : '~한다면'의 의미로 가정문을 만들 때에 쓰인다.
   A. 이 때 가설의 의미를 나타내는 절이 '要是, 如果, 假如' 등과 함께 쓰일 때는 화자의 의도에 따라 앞 절에 올 수도, 또 뒷 절에 올 수 도 있다.
   ⋯▶ 身体不舒服的话，就休息两天。
   (몸이 좋지 않으면 이틀정도 쉬도록 해라.)
   ⋯▶ 暑假我想到海边去玩，要是你也去的话。
   (여름방학에 바닷가에 놀러가려고 해, 만약 네도 간다면 말야.)
   B. 복문에서 앞 절과 뒷 절의 의미가 '전환 관계'를 이룰 때는 '的话'를 쓸 수 없다.
   ⋯▶ 尽管天下大雨(*的话)，大家还是都去了。
   (비가 많이 왔지만, 그래도 모두들 갔다.)

8) 弱[ruò] : (힘이나 능력이) 약하다. 술어뿐 아니라 수식어로도 쓰이지만 아래 예문과 같이 '人'의 경우는 직접 수식하지 못함.

⋯▶ 老百姓是那个时代的弱者(＊弱的人) – 백성은 그 시대의 약자였다.

9) 如蒙[rúméng] : 만약에 ~을 해 주신다면. 비슷한 표현으로는 '若蒙'과 '若蒙'이 있다.

▶ 如蒙允许, 不胜感激。(허락해 주신다면 감사하겠습니다.)

10) 感激不尽[gǎnjībújìn] : 대단히 감사하겠습니다.

4 친구 집에 신세지려고 할 때……

××에게:

요즘 나는 하루종일 여기저기 뛰어다니며 바쁘게살아가다 보니 친구들에게 찾아가지 못했지. 하지만 우리사이에 이런 일에 대해 구차하게 설명해줄 필요는 없다고 보네.

내가 지금 살고있는 셋집의 계약기간이 끝나는 데, 마땅한 집을 바로 구하기는 힘들것같군. 자네 집이 여유가 있으니 내가 방을 하나 쓰고 매달 월세를 내면 어떻겠나? 내 생각에 한 달정도면 내가 다른 집을 알아볼 수 있을테니 그때 바로 이사를 나가도록 하지. 자네가 어떻게 생각할 지 모르겠군. 만약 내가 잠시 자네 집에 머물 수 있는 것을 동의한다면 다음달 1일에 이사를 들어갈 생각이네. 오늘 이 일을 서신을 통해 상의하는 바이니 좋은 소식 기다리겠네.

××로부터

모월 모일

××：

　　我整日为生活东奔西走、忙忙碌碌，很少去拜访亲朋好友。你我都是老朋友，不用我多向你解释吧？

　　我现在住的房屋，到本月底租期届满，一时租不到适当的地方。我想你的房屋宽阔，想从你那儿借用一间，每月租金照付。大约一个月之后，等我粗到别的房子，就立即搬出，不知意下如何？若蒙慨允借我暂住，我下月1号就搬来。今日特写信与兄商量，企盼佳音。

　　祝时安！

××上

某月某日

---

1) **忙碌** [mánglù] : 매우 긴장되고 바쁜 상황. 일반적으로 자주 중복하여 사용되고, 비슷한 표현으로는 '忙忙叨叨'가 있다.

   ▶ 我一天到晚忙忙碌碌的，可也没做成什么事儿。
   (나는 하루종일 이리저리 바쁘게만 다녔지 어떤 일도 하지 못했다.)

2) **亲朋好友** [qīnpénghǎoyǒu] : 절친한 좋은 친구들. 반의어로는 '狐朋狗友 (불량배 같은 친구들)'이 있다. 또 口语에서는 '哥们儿'이라는 용어가 많이 쓰인다.

   ▶ 有话尽管说，咱哥们儿谁跟谁呀！(할 말있으면 마음놓고 털어놔라. 우리가 어떤 사이냐!)

3) **适当** [shìdàng] : 적당한, 마땅한. 일반적으로 중첩해서 쓰이지 않으며, 객관적인 조건이나 요구에 적합한 경우에는 쓸 수 없다.

   ▶ 领导者的思想要同我们所面临的新形势相适应(＊适当)。
   (지도자의 사고는 우리가 직면하고 있는 새로운 상황에 부응된다.)

4) **宽阔** [kuānkuò] : 넓다. 수식어로 쓰인 경우에는 '的'이 반드시 쓰여야 하며, 또 '宽阔'는 구체적인 대상, 즉 '场地(장소)' '房屋(집)' '江河(하천)'이나 사람과 동물의 형태등에는 쓰일 수 있지만, '天空'과 같은 같은 경우는 수식할 수 없다.

   ⋯▶ 辽阔(＊宽阔)的天空中，飞着几只大雁。
   (탁 트인 상공에 큰 기러기가 몇 마리가 날고 있다.)

5) **佳音** [jiāyīn] : 좋은 소식.

5 돈을 갚으며……

××에게:

편지 잘 받았네. 지난달에 자네가 빌려준 5백 달러 덕분에 일시적인 경제적 어려움을 해결할 수 있었네. 자네의 아낌 없는 마음에 깊이 감사하며 영원히 잊지 않겠네. 이번 기회를 빌어 저번에 내가 빌린 돈을 갚고, 아울러 이자도 함께 보내니 받아주길 바라네. 미안하지만 내가 심부름 보낸 사람한테 인수증을 보내주면 좋겠네. 요즘 나는 모든 일이 순조롭게 진행되고 있고, 이 곳 상황도 매우 좋다네. 만약 자네가 시간이 되면 나한테 한 번 들러서 이야기나 나누세.

×××

모월 모일

××：

　　见信好！上个月，我因急需用钱，承蒙立即借给我伍百美元，解燒眉之急，帮我解决了困难，甚是感谢！你的慷慨之情，弟永志不忘。现将上次所借之伍百美元如数奉还，并随附息金。敬清收下，并麻烦你给送款人一个收款条。

　　现在我一切顺利，情形很好。如果你有空，欢迎来我这儿来小聚！

　　祝健康！

×××上

某月某日

1) 急[jí] : 긴급히, 긴급하게. 이 경우에 뒤에 절대 '的'을 쓰면 안된다.

　▶ 这个任务很急，需要两天内完成。
　　(이 임무는 매우 급해서 이틀이내에 완성해야 한다.)

2) 乐于[lèyú] : 기꺼이 ~하다.

　▶ 我乐于接受你的意见。(너의 의견을 기꺼이 받아들이겠다.)

3) 慷慨[kāngkǎi] : 아낌없이 ~ 하다.

　▶ 他平时很小气，但今天不知为什么这么慷慨解囊。(평상시 그는 매우 좀스러웠는데, 오늘은 무슨 일로 아낌없이 주머니를 털었다.)

4) 欠款[qiànkuǎn] : 빚진 돈, 부채.

5) 如数[rúshù] : 전부, 숫자대로.

　▶ 你在经济上受到的损失，我一定会如数赔偿。
　　(네가 경제적으로 입은 손해는 내가 전부 보상해줄 것이다.)

6) 收款条[shōukuǎntiáo] : 인수증, 영수증.

　▶ 你收款的时候，应该给人家打收款条才对。
　　(너는 돈을 받고 난 후에 사람들에게 인수증을 써줘야 한다.)

IX. 연애의 편지

1 처음보내는 연애편지

××씨께:

지금은 깊은 밤, 인적도 끊긴 시간입니다. 창밖의 밝은 달은 정말 희고 깨끗한데, 내 생각의 고리는 엉켜있는 것처럼 매우 혼란스럽습니다. 바로 당신의 아름다운 모습이 시시각각 내 머릿속에 떠오릅니다. 저번에 우연히 당신을 봤을 때 당신의 모습이 저에게 깊이 남겨져 잊혀지지가 않습니다. 감정이라는 것이 원래 누구도 예측할 수 없는 것입니다. 이전에 지겹도록 많이 들어오던 "첫눈에 반한다"라는 말을 애당초 믿지 않았지만 당신을 만난후로 이 말이 정말 그렇다는 것을 알게 되었습니다. 당신은 아마 제가 제 감정만을 중요하게 여기는 사람이라고 생각하시겠지요. 제 생각에 당신같이 아름다운 아가씨는 남다른 기품이 있어서 당신과 사귀려는 남학생은 셀 수 없을 정도로 많을 것이라고 여겨집니다. 그러나 비록 당신과 한번 밖에 만나지 못했지만 저는 당신이 매우 침착하고 주관이 있는 사람임을 알수 있었습니다. 이렇게 외람되게 당신께 편지를 쓰는 일을 이해하실 수 있으리라 생각합니다. 그 날에 당신 반 친구의 소개로 당신을 알게 된 이후 제가 당신과 사귈 수 있다면, 얼마나 좋을까 생각해 봤습니다. 제게 당신을 소개해준 그 친구는 저의 사람됨에 대해서 잘 알고 있습니다. 당신이 그에게 이에 대해 물어볼지는 그렇지 않을지는 모르겠지만….

저는 지금 낯선 곳에서 생활하기에 몹시 외로워 마음을 열고 이야기할수 있는 친구가 매우 필요합니다. 당신은 이 편지의 회답을 주실건지요? 기다리겠습니다.

××올림

×월 ×일

××小姐：

　　现在正是夜阑人静的时候，窗外的明月分外皎洁，但我的思绪却不能平静，因为你的倩影时时刻刻地浮现在我的脑海中。

　　上次偶遇，我的印象很深很深，一直不能忘怀，情感这东西谁也捉摸不透。这是"一见钟情"？我原来是不信这句话的，以为那只是一句老生常谈而已。但自从遇见到你后，我发现这句话说得真有点道理了。

　　你也许觉得我是一厢情愿，自作多情吧，因为我也相信，像这样美丽的姑娘，有着出众的气质，想和你结交的男生恐怕是数也数不清的吧。但是，和你虽然只有一面之缘，但我能看出你是一位很稳重，很有主见的人，应该能体谅我的冒昧。那天承蒙我们班的那位朋友介绍，与你相识以后，我一直想，我如果能和交个朋友，对我是太大的幸运了。你们班的那位朋友知道我的为人。我绝不是一个轻浮的人，不知你是否会向他打听打听。

　　我现在生活在人生地不熟的地方，我的心是多么的孤寂，急切想找一个能谈谈知心话的朋友。小姐，你会给我答复吗？我在等待你的消息。

　　祝
青春永驻！

××上

×月×日

1) 夜阑人静[yèlánrénjìng] : 밤이 깊어 인적이 끊어졌다.

2) 皎洁[jiǎojié] : 희고 깨끗하다.

3) 捉摸不透[zhuōmōbútòu] : 확실하게 간파할 수 없다, 어떻게 될지 정확하게 알 수 없다.

   ▶ 你这个人真令人捉摸不透, 不知道你在想什么。
   (너는 정말 갈피를 잡을 수가 없어서 지금 뭘 생각하는지 모르겠다.)

4) 一厢情愿[yīxiāngqíngyuàn] : (일을 하는 데) 오로지 자기 입장에서만 생각하고 객관적인 상황은 전혀 고려하지 않는다.

5) 自作多情[zìzuòduōqíng] : 상대방의 감정은 어떤지 고려하지 않고 자기 감정에만 신경쓴다.

   ▶ 没有人喜欢他, 但他总是自作多情。(아무도 그를 좋아하지 않는데, 그는 항상 많은 사람이 자기를 좋아하는 것으로 착각하고 있다.)

6) 数也数不清[shǔ yě shǔbuqīng] : 셀 수도 없을 만큼 많다. 비슷한 표현으로는 '数不胜数'이 있다.

   ▶ 近来有了钱就要炒股票的人数也数不清。(요 근래에 돈이 생기면 바로 주식에 투자 하려는 사람들이 셀 수 없이 많다.)

7) 稳重[wěnzhòng] : (말이나 태도가) 침착하고 중후하다, 젊잖다.

   ▶ 他虽然年轻, 但办事干练稳重, 深得大家的器重。(그는 비록 젊지만 일을 노련하고 침착하게 처리하여 모든 사람의 신임을 받는다.)

8) 主见[zhǔjiàn] : 자기 생각, 주관.

   ▶ 你应该有自己的主见, 不要老问我。(네 생각을 말하라니까, 언제나 나

한테만 묻지말고.)

9) **体谅** [tǐliàng] : 알아주다, 양해하다, 이해하다.

10) **冒昧** [màomèi] : 주제넘다, 경솔하다, 외람되다.
   ▶ 问女士年龄是一种冒昧的行为。
   (숙녀에게 나이를 물어보는 것은 실례가 되는 행동이다.)

11) **承** [chéng] : 본문에서는 '(친구의 소개를) 받아서'의 의미로 쓰였다.

12) **轻浮** [qīngfu] : 경망 스럽다, 방정맞다, 경박하다.
   ▶ 他表现得十分轻浮傲慢。(그는 아주 경박하고 오만하다.)

13) **人生地不熟** [rénshēngdìbùshóu] : 아는 사람도 없고 지리도 어두운, 아주 낯선.

14) **知心话** [zhīxīnhuà] : 터놓고 하는말.
   ▶ 如果你俩是真正的好朋友, 应该把知心话告诉对方。

15) **青春永驻** [qīngchūnyǒngzhù] : 청춘은 영원히 아름다워라.

2 우리가 예전에 만난적이 있었나요?

~씨에게 :
저는 참으로 행복한 사나이입니다. 그저께 친구집에 가서 우연히 당신을 뵈었습니다. 처음 만났지만 우리는 이야기가 잘 맞았지요. 평상시에 말하길 그다지 좋아하지 않던 제가 그날따라 마치 많은 말을 다하지 못한 사람처럼 끊임 없이 주절댔죠. 그날 즐거웠던 장면은 제 머릿속에 선명하게 남아있습니다. 당신은 언변이 능숙한 분이시더군요. 처음 만났을 때 서로간의 어색한 분위기를 잘 이끌어가더군요. 아마 어느누구라도 당신과 함께 있으면 곧 당신에게 호감을 느낄것이고 그사람은 외롭다고 생각하지 않을꺼라고 생각합니다. 저는 그 친구와 안지 오래되었습니다. 재작년에 제가 북경에서 유학할 때 거의 매일 함께 있었죠. 후에 제가 공부를 마치고 귀국하면서 그와 헤어지게 됐죠. 제가 올해 북경에 파견나오게 되면서 우리의 그 밀접했던 관계는 곧 회복하게 됐죠. 그런데 우연히도 그저께 친구집에서 당신을 알게 되었으니 제가 얼마나 행운이 있는지….

이토록 아름다운 인연으로 우리는 이미 더 이상 낯선 사람이 아니라는 것이 얼마나 저에게는 큰 행운인지….

당신을 알고난 후에 제 평온했던 마음에 갑자기 물결이 일기 시작했고, 줄곧 냉정할 수 없었습니다. 당신의 꽃다운 자태, 아름다운 모습은 한 시도 잊어버릴수 없엇습니다. 저는 제 모든 것이 이미 당신에게 사로 잡혔고, (제 마음이) 당신과 친구가 되길 갈망하고 있다는 것을 알 수 있었습니다. 이런 영광이 저에게 올 수 있을런지요. 당신의 편지를 기다리겠습니다. 이 편지에 제 마음을 담아봅니다. 만약 제가 주제넘은 점이 있다면 부디 이해 해 주시길…. 끝으로 건강하시길 빕니다.

××로부터

×월 ×일

××小姐：

　　我想我是非常幸运的，前天在朋友家中作客，正巧遇见了你，第一次见面，我们就很投机地交谈起来。平时不爱多说的我，竟滔滔不绝，好象有许多话说不完似的。那天愉快的情景，深深地留在了我的脑海里。

　　你很擅于词令，一开始，你即用轻快的谈吐，于不知不觉中消除了彼此初识的窘态，我想，不论谁同你在一起，都会对你有好感，不会感到寂寞的。

　　我同那位朋友相识有很长时间了，前年我在北京留学时，几乎每天在一起，后来我学完回国工作，才离开了他。我今年被派到北京后，又恢复了我们之间的密切交往．真巧，前天在朋友家中认识了你。我多么幸运！竟获得这美好的机缘，我们已不陌生，我真的感到很幸运。

　　自从和你相识，我平静的心湖，突然掀起了情感的涟漪，始终不能平静。你的芳姿，你的丽影，我时时刻刻都不能忘怀，想必我已被你深深吸引了，我非常渴望和你交朋友，不知我是否有此荣幸，盼望着你能给我来信。

　　我写这封信来表达我的心意，如有冒昧，敬请原谅，最后祝：
健康愉快！

××敬上

×月×日

1) **投机** [tóujī] : 배짱이 맞다, 의기투합 하다, 이야기가 잘 맞다. 비슷한 표현으로는 '志同道德', '情投意和' 등이 있고, 반대 의미로는 '话不投机' 가 있다.
    ▶ 酒逢知己千杯少, 话不投机半句多。(마음에 맞는 친구를 만나면 천 잔의 술도 작지만, 마음에 맞지 않는 사람과 만나게 되면 반 마디 말도 아깝다.)

2) **滔滔不绝** [tāotāobùjué] : 도도히 흐르는 물처럼 말을 끊임없이 말을 하다.
    ▶ 李老师懂得真多, 普通话说得又好, 讲起话来滔滔不绝。(이 선생님은 아시는 것도 많고, 표준화도 잘 하셔서, 말씀하시기 시작하시면 끊임이 없다.)

3) **擅于词令** [shànyúcílìng] : 말을 되받는 데 능하다.
    ▶ 他应对敏捷, 擅于词令。
    (그는 응대에 민첩하고, 말을 되받는 데 능하다.)

4) **消除** [xiāochú] : 제거하다, 없애다, 해소하다. '消除'는 '僵局', '看法', '做法' 등을 목적어로 갖지 못한다.
    ▶ 老李举杯敬酒, 以打破(＊消除)僵局。
    (이씨는 딱딱한 분위기를 해소하기 위해 잔을 들어 술을 청했다.)
    ▶ 他对我的误解并没完全消除。
    (그의 나에 대한 오해는 결코 완전히 사라지지는 않았다.)

5) **涟漪** [liányí] : 잔잔하게 흘러가는 물결의 모양을 형용함.

6) **窘态** [jiǒngtài] : 어색한 상황, 곤란한 상황.
    ▶ 昨天他喝醉了以后, 整个酒席就陷入了窘态。
    (어제 그가 취한 이후에 술자리 전체 분위기가 어색해졌다.)

7) **机缘**[jīyuán] : 기회와 인연.

   ▶ 不要错失好的和缘。(좋은 기회와 인연을 놓치지 마라.)

8) **芳姿**[fāngzī] : 아름다운 자태.

9) **丽影**[lìyǐng] : 예쁜 모습.

10) **荣幸**[róngxìng] : 영광스럽다.

    ▶ 今天能见到您，我不胜荣幸。
    (오늘 당신을 만나게 되어 큰 영광입니다.)

    CF '突然'과 '忽然'의 비교

양자의 비교에서 가장 큰 차이가 나는 점은 품사상의 문제이다. '突然'은 '형용사'로써 문장내에서 '부사어'로 쓰이는 외에도 '한정어'나 '술어', '보어'로 쓰일 수 있는 데에 비해 '忽然'은 '부사'로써 오로지 문장내에서 '부사어'로만 쓰일 뿐이다.

A. 문장에서 부사어로 쓰인 경우

▶ 我正要出去，忽然(突然)下起了一阵大雨。
(내가 막 나가려고 하는데, 갑자기 비가 쏟아붓기 시작했다.)

B. 한정어로 쓰인 경우

▶ 这是一个突然(＊忽然)的事故。(이것은 갑작스런 사고였다.)

C. 술어로 쓰인 경우

▶ 天气的变化很突然(＊忽然)。(날씨의 변화는 매우 갑작스러웠다.)

D. 보어로 쓰인 경우

▶ 他的病来得有一点突然(＊忽然)。(그의 병은 다소 의외였다.)

3 (2)의 답장

××씨에게 :
  당신의 편지를 받고 이미 오랜 시간이 흘렀지만 줄곧 답장할 시간이 나지가 않더군요. 당신께 죄송하다는 말씀을 우선 드리고 싶습니다. 제가 농촌에서 자랐고, 이런 도시에서의 생활이 오래지않은 것을 몰랐을 겁니다.
  아마 농촌에서 자랐기 때문인지 모르겠지만, 여자가 처음 만난 남자에게 편지를 써서는 안되는 것이고, 만약 그렇게 하면 부모나 친구들에게 책망을 사거나 웃음거리가 된다고 여겨왔습니다.
  저의 룸메이트 미스王이 제가 당신에게 편지쓰는 일을 알게 되었습니다. 만약 그녀의 격려가 없었다면 아마도 당신에게 편지를 쓸 용기가 나지않았을겁니다.
  비록 미스王과 방을 쓴 시간은 오래 되지 않았지만, 그녀의 사람됨이 솔직하고 정직하며 당신에 대해서도 어느정도의 안면이 있어 당신의 사람됨에 대해서도 저에게 말해주더군요. 그녀의 격려에 힘입어 이렇게 당신께 편지를 쓸 용기를 가지게 되었습니다. 제 생각에는 사람과 사람사이의 교류에는 반드시 진심으로 상대를 배려하는 마음이 있어야 하고, 또 정직한 사람들에게는 반드시 선량한 마음이 있다고 봅니다. 어떤 일을 하더라도 이런 신념에서 출발한다고 봅니다. 우리는 한 번밖에 만난 적이 없으니 서로에 대해 잘 알지 못하지만 이후에 인연이 되어 서로의 만남이 지속될 수 있다면 서로에 대해 좀 더 알 수있겠지요.
  이 편지가 제가 남자한테 쓴 첫 번째 편지입니다. 제 스스로는 아주 용감한 행동이라고 생각이 되지만 막상 어떻게 써야하는 지 잘 모르겠군요. 편지내용이 앞뒤가 맞지 않더라도 이해해주길 바랍니다.

××로부터

×월 ×일

××先生：

接到你的来信已有很长时间了，一直没有时间给你回信。现在首先请你接受我的歉意。我是在农村长大的，到这城市还没有多少时间，这一点你可能不知道吧。

或许是农村长大的原因，我感到我们女孩是不能随便给一个只见过一次面的男孩写信的，否则是会被父母或亲友们责骂和讥笑的。因此，我一直不敢给你回信，想你能原谅！

和我同住一室的是一位王小姐，她知道你给我写信的事情。要不是她一再鼓励，我或许永远都没有勇气提起笔来给你回信。

王小姐和我同住的时间不是很长，但她为人很坦诚，而且认识你，并对你有一定的了解，她对我说了你的为人，你的品性。由于她的鼓励，我才有勇气写信给你。我觉得人与人之间，必须真诚相待，而且坦诚的人也必须具有一颗善良的心。这样，无论做什么事，都会从这种信念出发。我们之间仅一面之交，还谈不上了解。今后若有机缘进一步交往，相信可以增进相互间的了解。

这是我第一次给男孩子写信，自认为是一种勇敢的行为，但又不知写什么好。信中如有不当之处。请多多原谅。

祝

愉快！

××敬上

×月×日

1) 歉意[qiànyì] : 유감의 뜻, 유감스러운 마음. 미안하다

2) 或许[huòxǔ] : 아마, 어쩌면, 혹시.
   ▶ 你打个电话问问吧, 或许还能买到卧铺票。(네가 전화를 걸어 물어봐라. 어쩌면 아직 침대칸 기차표를 구할 수 있을지 모른다.)

3) 否则[fǒuzé] : 만약 그렇지 않으면. 주의할 점은 '否则'가 복문의 뒷 절에 쓸 경우에 앞 절은 결코 '가설'의 어감을 가져서는 안된다.
   ▶ 要是没有你的帮助, (*否则)我就考不及格了。
   (만약 너의 도움이 없었다면 나는 시험에 합격하지 못했을 것이다.)

4) 责骂[zémà] : 호되게 욕하다, 엄한 어조로 나무라다.

5) 讥笑[jīxiào] : 비꼬다, 조롱하다.
   ▶ 他讥笑别人无能。(그는 다른 사람이 무능하다고 비꼬았다.)

6) 不敢[bùgǎn] : 감히 ~ 하지 못하다, ~하기 싫어하다.
   ▶ 这个事我也不敢说。(이 일에 대해서는 나도 감히 말할 수 없다.)

7) 苦衷[kǔzhōng] : 고충, 남 모르는 고민.
   ▶ 请谅解我的苦衷。(저의 고충을 헤아려 주십시오.)

8) 坦诚[tǎnchéng] : 솔직하고 정직하다.

9) 真诚相待[zhēnchéngxiāngdài] : 진심으로 대하다.

10) **一面之交** [yīmiànzhījiāo] : 한 번 만난 교분, 얼굴만 아는 사이.

> **CF** '表达', '表示', '表现' 의 비교

'表达'는 주로 '사상감정'을 나타내는 경우에 쓰인다. '表示'는 일반적으로 '태도'나 '의견'을 나타낼 때에 쓰인다. '表现'은 '사람의 언행이나 외모등을 통해 사람들에게 정신상태등을 느낄 수 있게할 경우'에 쓰인다. 아래 예문을 통해 구체적인 쓰임을 비교해보도록 하자.

a. 他表示以后一定要认认真真地工作。
  (그는 앞으로 열심히 일을 하겠다고 하였다.)

b. 我的汉语水平还不太高, 还不能正确地用汉语表达我的意思。
  (나의 중국어 수준은 아직 그다지 높지않기 때문에 중국어로 아직 정확하게 내가 말하고자하는 의사를 표현할 수 없다.)

c. 大家举手表示通过了这项决议。
  (사람들은 거수로써 결의안을 통과시켰다.)

d. 老板认为小朴表现得好, 所以提升他当主任。
  (사장님은 朴군이 열심히 일한다고 생각되어 그를 주임으로 승진시켰다.)

e. 这首诗表达了诗人痛苦的心情。
  (이 시에는 시인의 아픈 마음이 드러나 있다.)

f. 说比较容易, 可是用文字表达就比较困难。
  (말로 하기는 비교적 쉬우나 문자화 시키는 것은 비교적 어렵다.)

4 짝사랑하는 여자친구에게 구애하는 편지

××양:

　제가 마침내 용기를 내서 제 인생 첫 번째 연애편지를 씁니다. 지금 저의 손은 쉴새없이 떨리고 심장은 계속해서 쿵쾅거리고 있습니다. 제 일생에 있어 가장 중대한 선택을 하고 있음을 저는 잘 알고 있습니다. 저는 사실대로 당신에게 고백하고자 합니다. 저는 당신을 1년 동안 사랑하고 있었습니다. 일년 전 교외업무 사무실에서 장 선생님을 찾아뵈러 갔을 때 장 선생님이 안 계셔서 당신이 저와 입학 수속에 관한 상담을 해주셨죠. 그때 당신은 하얀색 원피스를 입고 계셨습니다. 당신의 순수함과 아름다움은 저로 하여금 당신을 똑바로 바라보지 못하게 하였죠. 솔직히 제가 한국에서 학교 다닐 때 이런 느낌을 받은 적이 한번도 없었습니다. 그때부터 저는 당신에 대해 깊은 사모의 마음을 갖게 되었습니다. 이후에 단체 행사에서나 당신과 우연히 마주치게 될 때 저는 줄곧 당신에게 다가가고픈 마음이었습니다. 당신은 친절하고 선량하면서 사람들과 잘 어울리는 성격이며 열심히 공부하고 허영에 사로잡히지 않았을 뿐만 아니라 자신의 아름다움을 믿고 거만하지 않더군요. 당신의 외적인 면과 내적인 면, 그 모두를 저는 사모하지 않을 수 없었습니다. 그러나, 저는 줄곧 당신께 제 마음을 표현하지 못했습니다. 제 자신이 당신과 비교할 수 없을 정도로 보잘것 없어 초라해 보여서, 그것이 당신을 욕되게 할까봐 두려웠습니다. 일년동안 저는 이렇게 날로 커져만 가는 감정을 남모르게 가슴속에 붙였고, 당신을 저 혼자 마음속으로만 사랑하고 있었습니다.

　제가 정말 다행이라고 느끼는 것은 당신이 다른 사람의 구애를 받아들이지 않은 점과 제가 당신에 대한 사랑을 자신을 더욱 분발하고 노력하는 원동력으로 승화시켜 제 자신의 연구영역에서 조그마한 성과를 얻었다는 점입니다.

지금 저는 이것들을 제 첫 번째 선물로 당신께 바칩니다. 깊고 깊은 사랑을 담아서요. 이것은 결코 당신에게 제 작은 성과를 과시하는 것이 아니라 당신에게 이런 빛나는 화환 같은 마음을 다 드리고 싶을 따름입니다.

그와 동시에 제 마음을 표현할 용기가 됨을 인정합니다.

××씨!, 제 외모가 뛰어나지도 않고, 이성이 한 눈에 반할 외적인 매력이 없음을 압니다. 그러나, 저는 진실하고도 선량한 마음과 당신을 향한 영원히 식지 않을 마음을 가지고 있습니다. 제가 비록 독자이긴 하지만 집안 형편이 결코 부유하지 않습니다. 저에 대해 말씀드리자면, 석사학위도 아직 취득하지도 못한 빈털터리라 하겠지만 다른 한국 남자들과 같이 군대에 다녀와서 강인한 신체는 말할 것도 없고 군대생활에서 어려움에 굴하지 않고 근면하며 배우기 좋아하는 정신을 가지고 있습니다. 제 연구영역에서 계속 연구를 심화시켜 나간다면 제 미래는 밝을 것이라고 믿습니다.

저의 진지한 사랑을 당신께 바칩니다. 답장 기다리겠습니다.

××로부터

×월 ×일

××小姐：

我终于鼓起勇气来给你写我有生以来的第一封情书。手在不停地发抖，心脏在怦怦地剧跳，我知道自己在作一生中最重大的抉择。

我要明明白白地告诉你，我暗恋你整整一年了！

一年前去外事处找张老师，他不在，是你接待了我，跟我谈了一些入学手续的事。当时你穿着一条洁白的连衣裙，美丽纯洁得令我不敢正视。我不瞒您说，我在韩国上大学时，从来没有尝到这样的感觉，就从那一刻起，我就对你产生了深深的爱慕之意。在以后的集体活动和与你的偶尔相遇中，我一直渴望能多一些接近你。你待人热情，为人善良、随和，好学、不慕虚荣，不恃以相貌之美而自傲 —— 你的外在与内在都使我非常倾慕，但一直不敢对你有所表露，因为我自愧和你差距太大，怕亵渎了你。

一年来，我就这样默默地把这种与日俱增的感情深埋心底，默默地恋着你，爱着你。

我深感庆幸的是，你从未接受过异性的求爱，而我一直把对你的爱化为激励自己奋发拼搏的动力，并在自己的研究领域中获得了小小的成绩。现在，我把它作为第一件礼物 —— 连同我的深深的爱意 —— 奉献给你。这绝不是向你炫耀自己的小小成功，而是在向你表白希望继续为你撷取这些璀灿花环的心迹。同时，我也承认它给了我向你坦露心曲的勇气。

××，我承认自己并不是一个外表出众的人，缺乏那种让异性一望便眼睛发亮的外在美，但我有一颗诚实 善良的心，一颗永远为你跳动的心。我虽为独子，但家境并不富有。就本人来说，连硕士学位也还没取得，简直是不名一文，但我跟一般韩国男人一样当过兵，因而不仅铸就了健康的体魄，还学到了刻苦耐劳、勤奋好学的精神。我决心在自己的研究领域里继续深入钻研下去，我相信前途是光明的。

奉献上我诚挚的爱，恭候回音。

　　　　　　　　　　　　　　　　　　　　　××敬上

　　　　　　　　　　　　　　　　　　　　　×月×日

1) **终于**[zhōngyú] : 끝내, 마침내.

   CF '终于'와 '究竟'의 비교

   A. '究竟'은 상대를 추궁하는 어감이 있지만, '终于'는 없다. 이 때에 주의할 점은 추궁의 의미를 가지고 있는 '究竟'은 주어 앞이나 뒤에 쓸 수 있지만, '의문사'의 경우는 반드시 주어 앞에 위치하여야 한다. ('究竟+의문사+~')

   ⋯→ 你究竟(*终于)买不买? (도대체 살거야 말거야?)
   ⋯→ 究竟(*终于)谁打碎了那个花瓶? (대체 누가 꽃병을 깼거니?)

   B. '究竟'은 '究竟~吗?'의 의문문 문형을 취할 수 없다.

   ⋯→ 他究竟是你的朋友吗? (×) / 他究竟是不是你的朋友?
   (그가 네 친구 맞니?)

   C. '究竟'은 일반적으로 '어떤 특성이나 원인을 강조하여 설명하는 것'으로 '毕竟(어쨌든)'의 용법과 유사하지만, '终于'는 '상대적으로 긴 시간이나 과정(노력이나 변화 등)을 거쳐서 나타나는 어떤 상황이나 결과'를 나타낸다.

   ⋯→ 他究竟是一位有经验的老师, 他讲的课我们很容易听懂。 (그는 어쨌든 경험 있는 선생님이시기에 그의 강의는 우리가 이해하기 쉽다.)
   ⋯→ 钱包终于找到了。 (결국 지갑을 찾았다.)

2) **作~抉择**[zuò~ juézé] : ~하는 선택을 하다.

3) **暗恋**[ànliàn] : 몰래 흠모하다. 비슷한 표현으로는 '单相思'가 있다.

4) **外事处**[wàishìchù] : 학교의 외부업무를 관장하는 부서.

5) **接待**[jiēdài] : 접대하다, 응접하다.

   CF '接待'와 '接'의 비교

   이 양자의 차이는 '接待'가 '손님이 지정 장소에 도착한 다음에 주인입장의 사람이 접대하는 것'이라면, '接'은 '손님을 지정 장소로 가서 모시고 온다.'

는 의미이다.
- ⋯▷ 下午我要到飞机场接朋友。(오후에 친구를 공항에 마중 나가야 한다.)
- ⋯▷ 他是个残疾人，我们应该好好地接待他。
  (그는 장애인이기에 우리가 잘 접대해야 한다.)

6) 洁白 [jiébái] : 새하얗다, 순결하다.
   - ▶ 窗外下起了洁白的雪花。(창밖에는 새 하얀 눈꽃이 내리기 시작했다.)

7) 连衣裙 [liányīqún] : 원피스.

8) 不瞒你说 [bùmánnǐshuō] : 사실대로 말하는 데.
   - ▶ 不瞒你说，你的钱包我从来没碰过。
     (사실대로 말하는 데, 네 지갑을 건드린 적이 없다.)

9) 爱慕之意 [àimùzhīyì] : 사모의 마음.

10) 集体活动 [jítǐhuódòng] : 단체 행사. 본문에서 쓰인 '活动'이라는 용어의 의미는 한국어로 '행사나 활동'의 의미로 쓰였다.
    - ▶ 课外活动 [kèwài huódòng] : 과외활동
    - ▶ 文体活动 [wéntǐ huódòng] : 문화, 오락 및 체육활동
    - ▶ 小组活动 [xiǎozǔ huódòng] : 써클 활동

11) 随和 [suíhé] : (남과) 사이좋게 지내다, 상냥하다, 붙임성 있다.

12) 不慕虚荣 [búmù xūróng] : 헛된 부귀영화를 부러워하지 않는다.

13) 恃A 而B [shì A ér B] : A를 믿고 B하다. '恃'는 文语적인 표현이고, 이를 口语로 표현할 때는 '靠'를 쓴다.

▶ 你不要只靠小聪明而不努力。(머리만 믿고 노력하지 않으면 안 된다.)

14) **外在** [wàizài] : 외재적인. 반대 의미로는 '内在'가 있다.

15) **倾慕** [qīngmù] : 사모하다, 애모하다.

　　CF '爱慕', '倾慕', '羡慕' 의 비교

　　A. '爱慕'는 그 좋아하고 사모하는 대상이 '사람'일 수도, 또 '사상이나 의식적인 면'에도 쓰일 수 있다.
　　⋯▶ 他俩互相爱慕。(그들 둘은 서로 사모하고 있다.) / 那个女人颇爱慕虚荣。(그 여자는 헛된 영화를 매우 좋아한다.)
　　B. '倾慕'는 그 대상이 반드시 사람이어야 한다.
　　⋯▶ 我曾经心动过，暗暗地倾慕过你，产生某种幻想。(제 마음은 이미 흔들렸습니다. 남 몰래 당신을 사모하며 환상에 빠지게 되었습니다.)
　　C. '羡慕'는 '다른 사람이 가지고 있는 장점을 자신도 구비하길 바라는 마음'을 강조하고 있다.
　　⋯▶ 我不羡慕吃好穿好的生活，只希望自己能学到一身真本领。(나는 호의호식하는 생활은 부럽지 않고, 다만 내 자신이 실질적인 능력을 배우길 바랄 뿐이다.)

16) **亵渎** [xièdú] : 경멸하다, 모욕하다.

17) **与日俱增** [yǔrìjùzēng] : 날이 갈수록 번창하다, 날로 커지다.

▶ 果然，一年之久，她没再来信。可是我的希望却与日俱增。(과연 일년 여 동안 그녀는 편지 한 통 없었지만 나의 (그녀의 소식에 대한)기대는 날로 커져만 갔다.)

18) **化为** ~ [huàwéi~] : ~로 바꾸다, ~변하다.

▶ 不利条件可以转化为有利条件。
(불리한 조건을 유리한 조건으로 변환시킬 수 있다.)

19) 拼搏 [pīnbó] : 필사적으로 싸우다, 목숨을 걸고 쟁취하다.
   ▶ 韩国足球队努力拼搏，终于获得了冠军。
   (한국 축구팀은 필사적으로 노력하여 결국에 1등을 하였다.)

20) 奉献 [fèngxiàn] : 삼가 바치다.
   ▶ 年轻人应该向社会奉献自己的聪明才智。
   (젊은이들은 자신의 총명한 재능을 사회에 바쳐야 한다.)

21) 撷取 [xiéqǔ] : 따다, 뽑다.

22) 炫耀 [xuànyào] : 뽐내다, 자랑하다.
   ▶ 他喜欢在人家面前炫耀自己的本领。
   (그는 사람들 앞에서 자기 능력을 과시하기 좋아한다.)

   CF ·비슷한 표현으로는 '出风头' 가 있다.
   ⋯▸ 他爱出风头。(그는 나서기 좋아한다.)

23) 璀璨花环 [cuǐlànhuāhuán] : 빛나는 화환.

24) 坦露心曲 [tánlùxīnqǔ] : 내심을 드러내다, 마음을 고백하다.

25) 一文不名 [yīwénbùmíng] : 일전 한푼 없다, 무일푼이다.
   ▶ 他是一个一文不名的穷光蛋，但是过得很逍遥自在。
   (그는 땡전 한 푼 없는 가난뱅이이지만 매우 유유자적한 생활을 보낸다.)

26) 别提 [biétí] : ~은 말할 것도 없다.
   ▶ 你能考上大学，我心里别提有多高兴了。
   (네가 대학에 합격한다면 내 마음이 얼마나 기쁠지는 말할 것도 없지.)

27) **刻苦耐劳**[kèkǔ nàiláo] : 애써 어려움을 견디다.

> 我们要象松树一样，有坚强的意志，有刻苦耐劳的精神。(우리는 소나무와 같이 강인한 의지와 곤란을 견뎌내는 정신을 가져야 한다.)

28) **勤奋好学**[qínfèn hàoxué] : 근면하고 배우기를 좋아한다.

> 他勤奋好学，英勇顽强，密切联系群众。
> (그는 근면하고 배우길 좋아하며, 군중과 긴밀한 연락을 하고있다.)

5 당신의 사랑을 받아드려요.

××:

　방금 당신의 편지를 읽고 나서 제 마음은 몹시 흥분되어 있습니다. 창밖에는 눈꽃송이가 휘날리고 있고, 저는 그 순백색의 세상에서 당신의 씩씩한 모습과 잘생긴 얼굴을 또한번 본 것 같습니다.
　사실 저도 당신을 흠모한지 오래 되었지만, 당신에게 표현하기 쑥스러웠습니다. 내가 당신께 암시를 줘도 당신은 잘 모르는 것 같군요. 그때는 저는 정말 짜증이 나서, 정말 당신을 "바보같은 사람!"이라고 욕해주고 싶었습니다. 사실 당신 마음 속으론 이미 저의 이런 뜻을 잘 알고 있었을 것입니다. 당신이 이런 식으로 나를 가지고 논다면 당신에게 나중에 보복할 거예요!. 그렇다고 제 손금 보듯이 저에 대해 모든 것을 안다고 생각하지 마세요. 제가 가지고 있는 많은 단점에 대해 당신은 아직 모를 거예요. 하지만 당신을 진정으로 좋아해요. 당신의 사랑을 받아드릴게요. 주말 '西單수도극장'에서《타이타닉》을 상영하더군요. - 이 영화가 매우 재미있다고들 하더군요. - 제가 지금 표를 구해 놓을 테니까, 저녁 7시에 정문 앞에서 당신을 기다릴게요. 늦지 마세요! 다른 얘기는 만나서 다시 해요.

××

×월 ×일

××:

　刚读完你的信，心中很激动。窗外雪花飞舞，我从那一片洁白中好象又看到了你那矫健的身影 英俊的面孔。
　　其实对你也心仪已久，只是不好意思向你表达。我向你暗示过，你好象不明白。当时我的心里烦死了，真想骂你一句："你这个愚笨的家伙！"其实，你心中应该早已明白。你这样耍我，我以后要"报复"你！
　　但你别以为你已完全了解了我，我这个人还有很多缺点你可能还不知道呢。但我对你的爱是纯洁的、真诚的。我接受你的爱！周末西单首都剧场上演《铁达尼号》，听说这部电影很有意思，我现在就去买票，当晚七点在大门口等你，别迟到了！
　　见面再谈。
　　　　　　　　　　　　　　　　　　×　×
　　　　　　　　　　　　　　　　　　×月×日

---

1) **矫健**[jiǎojiàn] : 씩씩하고 힘차다.

　▶ 虽然他年龄已过七旬，但步伐还是矫健。
　　(그는 비록 칠순이 지났지만 걸음걸이는 여전히 힘차다.)

2) **心仪**[xīnyí] : 마음 속으로 흠모하다.

　▶ 我对她心仪已久，但一直没有机会跟她表白。(그녀를 흠모한지 오래되었지만 그녀에게 내 마음을 표현할 기회가 줄곧 없었다.)

3) **烦死了**[fánsǐle] : 짜증이 나다.

　 '闹心'과 비교

'闹心'은 '마음이 어떤 일로 인해 심란한 것'을 말하고, '烦死了'의 경우는 '귀찮다'는 의미이다. 또 '烦'은 '着'과 함께 口语에서 많이 쓰인다.
　⋯▶ 别理我，烦着呢！(짜증나니까 그냥 내버려둬!)

4) 耍[shuǎ] : 가지고 놀다, 조롱하다. '耍'는 원래 '물건을 가지고 논다.'의 의미였지만 후에 '사람을 가지고 논다.'의 의미로 그 단어의미가 확장되어 사용되고 있다. 특히 口语에서 그 사용빈도가 높은 데, 그 중에서 몇 가지를 아래에 제시하였다.

- ▶ 耍把戏 [shuǎbǎxì] : 속임수를 쓰다, 농간을 부리다, 꿍꿍이 수작을 부리다.
- ⋯▸ 在住房分配问题上，显然有人在耍把戏。
  (주택분배 문제에 있어서 누군가 확실히 농간을 부리고 있다.)
- ▶ 耍花招(儿) [shuǎhuāzhāo] : 교활한 계략을 쓰다.
- ⋯▸ 敌人到现在还没什么动静，不知又在耍什么花招！(적들은 지금까지 특별한 움직임이 없는데 또 무슨 계략을 꾸미는 지 모르겠군!)
- ▶ 耍赖 [shuǎlài] : 생떼를 쓰다, 억지를 부리다.
- ⋯▸ 罪行败露之后，他躺在地上耍起赖来。
  (죄가 증명된 다음에 그는 아예 땅에 누워서 생떼를 부리기 시작했다.)
- ▶ 耍流氓 [shuǎliúmáng] : 희롱하다.
- ⋯▸ 在地铁上，几个小痞子围着一个姑娘耍流氓。
  (지하철에서 불한당 몇 명이 아가씨를 둘러싸고서 희롱하기 시작했다.)
- ▶ 耍贫嘴 [shuǎpínzuǐ] : 수다떨다, 쓸데없는 말을 지껄이다.
- ⋯▸ 别在这儿耍贫嘴了，该干什么干什么去吧！
  (여기서 쓸데없이 말들만 하지말고 해야될 일있으면 하러가자.)

5) 了如指掌 [liǎorúzhǐzhǎng] : 제 손금 보듯 하다.

- ▶ 他对股市行情了如指掌, 你想投资的话, 向他请教吧！(그는 주식동향을 자기 손금보듯 환하니, 투자할 생각이 있으면 그에게 가르침을 청하도록 하여라.)

6) 铁达尼号 [tiědáníhào] : 타이타닉호.

> **CF** '感动'과 '激动'의 비교

'感动'은 '어떤 영향을 받은 후에 마음 속에 同情하는 마음이 들거나, 태도가 긍정적이고 적극적으로 변화되는 경우'에 쓰이고, '激动'은 '자극을 받은 후에 마음속에 충동을 느끼고 평정을 잃은 상태나 흥분하는 경우'에도 쓰일 수 있다. '感动'은 피동형으로 쓰일 수 있지만, '激动'은 피동형으로 쓰일 수 없다.

a. 医生认真负责的态度感动了病人。
 (의사의 환자를 진정으로 책임지는 태도는 환자를 감동시켰다.)

b. 我们队终于赢了，我很激动。
 (우리 팀이 결국 이겨서 나는 매우 흥분했다.)

c. 这是一部非常感动人的小说。(이 소설은 매우 사람을 감동시킨다.)

d. 现在他有点儿激动，所以态度不太好。
 (지금 그는 매우 흥분되어있기에 태도가 그다지 좋지 않다.)

CF 중국어 학습자들은 '意思'라는 용어의 의미를 '의미, 뜻'으로만 암기하여 사용한다. 이 경우에 아래 예문의 의미를 정확하게 이해하기 어렵다.

▶ 你这是什么意思？(너 이렇게 하는 게 무슨 의미야?)

상기 예문의 의미는 '상대에 대한 불만이나 질책'의 의미를 담고 있다. 이러한 문제를 해결하기 위해 아래에 '意思'의 쓰임을 정리해보았다.

A. 언어문자상의 담겨진 뜻이나 문장에 담긴 사상에 대한 의미.

⋯▸ 请你解释一下这个句子的意思。
 (이 구절의 의미를 설명해주시길 바랍니다.)

B. 사람의 의견이나 희망사항을 가리킬 때.

⋯▸ a. 这件事你问过王厂长了吗？他是什么意思？
  (이 일에 대해 王공장장님께 여쭤보았니? 뭐라시던?)

 b. 我问过了。王厂长的意思是他不同意这么做。(여쭤봤는데, 왕 공장장님께선 그렇게 하는 걸 동의하지 않으신다고 하셨어.)

C. 재미나 흥미의 의미인 경우

⋯▸ 这个故事很有意思。(이 이야기는 매우 재미있다.)

D. 선물을 드릴 때에 쓰이는 예의상의 표현

⋯▸ 这件事你想请他帮忙，一定要先给他意思意思。
 (이 일은 그에게 부탁하기 전에 먼저 성의표시를 해야만 한다.)

E. 일의 추세가 징조의 의미를 나타낼 때.
⋯▶ 才过五月，已经有点儿夏天的意思了。
(5월이 갓 지났는데, 벌써 약간은 여름분위기가 난다.)

F. 상대의 언행에 대해 불만이나 질책의 의미를 나타낼 때
⋯▶ a. 喂，你倒底买不买，别站在这儿影响别人。(이봐요! 대체 살 꺼요, 말 꺼요. 거기 서서 다른 사람 사는 데 방해나 하지 마쇼.)

b. 你这是什么意思，看看不可以吗？
(무슨 말이 그래요! 보는 것도 안되나요?)

X. E-MAIL

1 e-mail

여화:
  네가 별일없다는 것을 알았으니 안심이 된다. 너 참 대단하구나! 네 회사를 꾸릴 생각을 하다니. 열심히 하길 바란다. 짬이 나지않으면 급하게 서둘러서 답장할 필요는 없어. 다만 내가 상해에서 너를 생각하고 있다는 것만 알아줬으면 해. 정말 네가 보고싶어.
  네가 그토록 유능한데, 나도 열심히 일하고 공부할거야! 언젠가 내가 돈을 충분히 모으게 되면 너를 보러갈게. 그때는 네가 아무리 바쁘더라도 가이드가 되줘야 하는 거야, 알았지?

왕웅

×월 ×일

丽华：
  知道你没事就好了。
  你真行，能有自己的公司，一定要努力干噢！如果最近你没有空儿，就不必急着回信，只要记得我在上海想着你就行了。我真的想你。

你那么能干，我也会努力工作学习的。有朝一日，等我攒够了钱，一定去找你。到那时，你再忙也得当我的导游陪我，好吗？

王雄

×年 ×月 ×日

1) 攒[zǎn] : 돈을 모으다, 저축하다.
   ▶ 他这几年攒下了不少的钱。(그는 이 몇 년간 적지않은 돈을 저축했다.)

2) 导游[dǎoyóu] : 가이드, 길안내자.
   ▶ 这些地方我已经来过好几次了，便主动当了导游。
   (이 지역은 이미 여러번 온 적이 있어서 나는 자발적으로 가이드가 되었다.)

   CF '知道', '认识', '熟悉' 의 비교

   아주 쉬운 단어라 판단해서 어느정도 수준에 오른 학습자는 주의를 기울이지 않는 부분이다. 대부분의 학습자들이 습관에 의지하여 구분 사용하지만 확실한 차이를 파악하지 않으면 쉽사리 혼용하여 쓰기쉽다. 때문에 아래에 상기 용어에 대한 비교를 제시하였다.

   A. '知道'는 '비록 본적은 없지만 대상이 되는 사물이나 사람에 대해 들어본 적이 있는 경우'에 쓰인다. '很知道'나 '知道知道'식으로 표현하지 못한다.

   B. '认识'는 두 가지의 경우은 '그의 사진을 보아서 그가 어떻게 생겼는 지를 알 경우'나 '그와 직접 만날 경우'에 쓰일 수 있다. 물론 '知道'와 같이 '认识'나 '认识认识'으로 표현할 수는 없지만, '서로 모르는 두 사람을 소개자의 입장에서 서로 소개시킬 때'에는 아래와 같이 표현할 수 있다.
   … 您两位认识认识吧。(두 분이서 서로 인사하시지요.)

   C. '熟悉'는 '어떤 사람이나 사물에 대해서 매우 상세하게 아는 경우'에 쓰인다. '熟悉'의 앞이나 뒤에 정도부사가 오는 경우가 매우 일반적이다.

'熟悉'의 경우는 '很熟悉'나 '熟悉熟悉'의 표현이 쓰인다.

아래예문의 의미를 분석해보자.

▶ 你知道新华书店在哪儿吗？(너는 신화서점이 어딘지 아십니까?)

▶ 师傅，你熟悉去新华书店的路吗？(기사양반, 신화서점으로 가는 길을 아십니까? - 택시에 탔을 때 주로 쓰는 표현)

▶ 你不认识我了？我是你的同桌哪！(나 모르겠니? 네 짝이잖아!)

▶ 我们俩以前不认识，只知道对方的名字。现在我们俩非常熟悉，是好朋友。(우리둘은 예전엔 서로 만난 적이 없고 상대방의 이름만 알고 있었은데, 지금은 서로를 잘아는 친한 친구가 되었지.)

▶ 我们俩认识，但是互相不熟悉。
(우리둘은 서로 얼굴만 알지 서로에 대해 잘 모른다.)

2 e-mail

여화 :

　새로운 세기가 막 임박한 지금 나는 주위의 친구들 만큼 즐겁지 못해. 소원을 비는 것도, 기도를 하는 것도, 너를 위해 눈을 감고 축복해 주는 것도 잊어버렸어.

　나와 가장 친한 친구들중의 한명은 4시간이나 늦게왔고, 한명은 아예 오지도 않았어. 어려서 지금까지 친구들과 함께 있을 때는 항상 내가 희생해야했고, 그에대한 보상은 받은 적이 없었지. 사실 그런 것에 신경써본 적은 한번도 없었지만, 단지 그들이 행복하다고 느끼면 나는 만족했었으니까. 내가 이런 심정일 때마다 나는 네가 그리워 진다. 너를 인터넷상에서 처음 알게되었을 때, 너는 나를 끌어않고 무차별 키스를 퍼부었지. 정말 네가 사랑스러웠어. 택시에서 네가 나의 손을 잡았을때의 그 따뜻한 감촉은 정말 내 친누이같았어. 또 숙소에서 네가 피곤에 겨워 코 골던소리도 아직 생생하게 기억난다. 나한테 너는 처음부터 지금까지 신비로운 사람이었어. 나는 네가 결혼한 사실도 제일 늦게 알았을 정도니까. 너한테 그토록 여러번 상해에 오라고 했는데 너는 줄곧 나한테 답을 주지 않았어……. 너는 나한테 너의 일에 관해서는 말하지 않았지. 물론 네가 도움을 바랄 때 너의 곁으로 날아갈 수는 없지만, 기쁜 일이던지 괴로운 일이던지 너의 한마디 한마디에 나는 경청할 것이고, 네곁에서 힘과 용기를 줄 수 있어. 왜냐하면 내 마음속에선 너는 이미 나의 친언니같은 존재니까.

　모든 일이 네 뜻대로 됐으면 좋겠어. 그리고 내 생각해주는 것도 잊지 말길.

×월 ×일

丽华：

　　新世纪来临前的最后一秒，我并不象身边的朋友那样开心。忘了许愿，忘了祈祷，忘了闭上眼睛为你祝福……

　　两个最好的朋友，一个迟到了4个小时，一个索性没来。从小到大，和好朋友在一起时，都是我付出，却未得到应有的回报，其实我并不十分在乎，只希望大家开心就可以了，可是，她们从不在乎我的感受，只是一味地我行我素。你知道吗？每当这样的时候，我就非常想你，想念第一次在网上认识你时，你就"抱"着我乱"亲"，真可爱；还记得在出租车上，你拉着我的手，好温暖，象一个亲姐姐；还记得，睡在宾馆里，第一次听到你累得打呼的声音………。你对我而言，一直是那么的神秘，连·结婚我也是最后一个才知道，问你许多遍，你什么时候来上海，你也不回答。你从来不说你自己的生活，我知道我根本无法在你需要帮助时飞到你身边，但是我至少可以倾听你的每一字每一句，无论是开心还是难过，我都会站在你身边为你鼓劲，加油。因为在我心里，早已把你当作自己的亲姐姐了。

　　祝你一切都顺利，别忘了想我哦！

　　　　　　　　　　　　　　　　　　　　×月 ×日

1) **许愿**[xǔyuàn]：소원을 빌다.

▶ 在吹蜡烛之前，你先许个愿吧！
(촛불을 끄기전에 먼저 소원을 빌도록 해라.)

2) **索性**[suǒxìng]：차라리, 아예.

▶ 这篇文章你认为可用就改一改，不行，就索性扔在一边吧。(이 문장을 네가 보기에 쓸만하면 고치고, 안되면 차라리 구석에 던져버리도록 해라.)

3) **宣泄**[xuānxiè] : 화를 털어놓다, 울분을 토로하다.

▶ 他在众人面前向我宣泄自己的怨恨。(그는 사람들앞에서 나에 대한 원망을 늘어놓았다.)

4) **难以名状**[nányǐmíngzhuàng] : 말로써 표현할 수 없다. 비슷한 표현으로는 '难以用语言来形容'이 있다.

▶ 此刻，我的心反倒平静下来。虽然，心头那样异样的、温暖的感觉仍然难以名状。(이 때에 나의 마음은 오히려 평온해졌다. 비록 마음속에서는 일찍이 경험하지 못했던 따스한 느낌이 있었지만 여전히 말로써는 표현할 수 없었다.)

5) **在乎**[zàihū] : 마음에 두다, 개의하다. 부정형은 '不在乎'가 있지만, '满不在乎'라고도 많이 쓰인다. 주의할 점은 '보어'로는 쓰이지 않는다는 점이다.

▶ 对于钱，他倒不十分在乎，尽量给他买好的吧。(돈에 대해서는 그는 그다지 개의치 않으니 될수있는한 그에게 좋은 것을 구입해주도록 해라.)

▶ 大家看京剧看得很上劲儿(＊在乎)。(모두들 신명나게 경극을 보았다.)

6) **一味**[yīwèi] : 줄곧, 언제까지나.

▶ 他虽然没有考上大学，但他一味地追求他的理想，终于成为著名的作家。(그는 비록 대학에 합격하지는 못했지만 줄곧 그의 이상을 추구한 결과, 결국 유명한 작가가 되었다.)

7) **我行我素**[wǒxíngwǒsù] : 누가 뭐래도 평소 자기 방식대로 하다.

▶ 大家虽然劝了他好几回，但他依然我行我素。(비록 모두들 나에게 여러번 권유하였지만 나는 여전히 내주관대로 할 것이다.)

8) **你就"抱"着我乱"亲"**[nǐ jiù "bào" zhewǒde luàn "qīn"] : 너는 나

를 껴안고 키스를 퍼부어 댔다. 중국에서 '채팅방'은 '聊天室'라고 하는 데, 중국의 채팅방은 입력창하단에 표정이나 동작을 표현할 수 있는 아이콘이 있어서 본문과 같은 표현이 가능하다.

9) 鼓劲[gǔjìn] : 격려하다, 고무하다.

▶ 这次运动会期间，我会站在一旁为你鼓劲、加油。
(이번 운동회 기간에 나는 한 켠에 서서 너를 위해 응원할께!)

3 e-mail

네가 보낸 메일을 보고 얼마나 기뻤는지 몰라. 너의 소식을 자주 접할 수 있으면 좋겠어. 요즈음에 속상한 일이 있는데, 네게 어떻게 얘기해야 할지 모르겠구나. 吳偉에 관해서는… 결코 나의 남자친구가 아니니 절대 오해하지마. 그리고 다음에 내게 메일을 보낼 때는 이 주소로 보내주길 바래. -
wwj@maestro.com
사실 회사 메일주소로 보내도 상관은 없지만 내가 받아보기가 불편해서 그래. 정말 보고싶다.

××

×월 ×일

刚才收到你的e-mail, 别提有多高兴了。真希望经常有你的消息。最近有些麻烦的事, 可是又不知该怎么告诉你。反正吴伟并不是我的男朋友, 你千万别误会。

还有, 以后你可以e-mail到这个地址: wwj@maestro.com
用公司的信箱发e-mail倒不要紧, 就是不能随时打开看。我要上班了, BYE！

我好想你！

××

×月 ×日

1) **别提** [biétí] : ~에 대해서는 말할 것도 없이.
   ▶ 这座房子盖得别提多结实了。
   (이 집이 얼마나 튼튼하게 지어졌는지는 말할 필요도 없다.)

2) **电子邮件** [diànzi yóujiàn] : 전자우편, E-MAIL.

3) **至于** [zhìyú] : ~의 정도에 이르다, ~한 결과에 달하다. 하지만 본문에서 쓰인 용법은 '전치사' 용법으로 '새로운 화제를 이끄어낼 때'에 쓰인다.
   ▶ 我们已尽了最大努力，至于结果怎么样，现在很难估计。(우리는 이미 최대한의 노력을 했다. 결과가 어떻게 될 것인가에 대해서는 현재로서는 매우 예측하기 어렵다.)

4) **信箱** [xìnxiāng] : 편지통, 각 매일계정에 할당된 e-mail을 받는 공간.

   CF 刚才' 와 '刚刚' 의 비교

   A. '刚才'는 '명사'로써 '과거의 한 단락의 시간'을 가리키며, 위치는 '주어 앞이나 뒤'에 쓰인다. '刚刚'은 '부사'로써 '동작발생의 시간을 설명'하는 기능을 가지며, 그 위치는 '동사앞에 위치한다.

   a. 刚才你在干什么？(방금 전에 뭐하고 있었니?)
   b. 刚才我在吃饭。(밥을 먹고있었지.)
   a. 你什么时候来的？(언제 밥 먹었니?)
   b. 我刚来。(방금전에 먹었어.)

   상기 예문을 통해 우리는 '刚才' 와 '刚刚' 의 가장 중요한 차이는 바로 문장 의미의 '주요정보 (화자가 청자에게 전달하고자 하는 정보)'의 위치가 서로 다르다는 것을 알 수 있다. 위의 예문중 첫 번째 대화의 b문장의 '주요정보'는 '방금전(刚才)'이라는 '시간적인 내용'이 아니라 '밥을 먹고있었다(在吃饭)'는 '주어의 동작'에 위치하고 있으며, 이에 반해 두 번째 예문의 b문장에서 '주요정보'는 '왔다(来)'에 있는 것이 아니라 '방금전(刚)'에 있는 것이다. 우리는 앞으로 작문이나 회화시에 이 '주요정보의 위치'에 유의하면 곧 정확한 변별 사용이 가능해질 것으로 본다.

B. '刚才'의 부정형은 '刚才+不, 没有'이고, '刚刚'의 경우는 '不是刚刚+동사'의 형식으로 표현된다.

▶ 刚才还是大晴天儿, 怎么忽然下起这么大的雨。(방금까지는 비가 오지 않았었는데, 왜 갑자기 이렇게 비가 쏟아붓기 시작하지?)

  a. 刚刚开始下雨吗？(방금 비가 내리기 시작했나요?)

  b. 不是刚刚下雨, 已经下了好一会儿了。
     (방금 내리기 시작한 게 아니라, 이미 내린 지가 한참 됐어요.)

C. '刚才'는 오로지 '발화자가 발화하고있는 현재이전의 한 시간'과 만 관계를 가지고 있는데 반해, '刚刚'은 A와 B의 예문에서 쓰인대로 '동작의 발생시간이 오래지 않았음'을 나타내고, 또 때에 따라서 '과거의 임의의 한 시점을 가리키기'도 한다.

▶ A와 B가 영화를 막 보고 나왔다.

  a. 你觉得刚才的电影怎么样？(방금 본 영화가 어땠니?)

  b. 很不错。是刚上映的新片子吗？(꽤 괜찮았어. 새로 개봉한 영화지?)

  a. 不是刚上映的, 两个月前就开始放映了。
     (막 개봉된 게 아니고, 두달전에 개봉한 영화야.)

  b. 我想两个月前这个电影刚上映的时候, 票一定很难买吧。(두달전에 이 영화가 막 개봉했을 때에는 영화표를 매우 구하기가 어려웠을 것 같아.)

  a. 那当然, 刚才我还看见很多人在等退票呢。(당연하지. 방금전에 아직도 많은 사람들이 표를 구하지 못해 반환되는 표를 기다리고 있더라구.)

위의 대화중의 b의 두 번째 대사에 있는 '刚刚'은 '2개월전'의 시점을 가리키고 있다. 이는 '刚刚'이 '刚才'와 달리 현재싯점과 가까운 과거만을 가리키는 것이 아니라 '과거의 임의의 싯점'도 가리킨다는 것을 말하고 있다.

D. '刚刚'은 또 '발화자의 주관적인 입장에서 동작 발생시간이 오래지않음'을 나타낸다. 아래 예문에서 발화자는 자신이 상해에 온 지가 얼마 되지 않았다고 생각하고 있음을 알 수 있다.

  a : 你来上海很长时间了吧？(상해에 온지 오래되었지요?)

  b : 不, 我刚来一年多。(아니요, 이제 겨우 일년 됐는걸요.)

4 e-mail

××:

정말 보고싶어. 왜 아직도 상해에 오질 않는거니? 기다리다 지치겠다! 상해에 와서 성탄절을 보낼 생각은 없니? 아니면 1999년의 마지막 날인 12월 31일은 어떠니? 만약 우리가 상해의 外灘에서 함께 야경을 본다면 얼마나 좋을까?

12월31일에 우리회사에선 회사직원들끼리 함께 회식하러 간다는데, 그 사람들하고 함께 노는 일은 정말 따분하기 이를때가 없는 것같아. 만약 너와 함께 보낼 수 있으면 얼마나 좋을까? 그런데 아직 너에게 줄 성탄 선물을 고르지 못했거든……, 너는 어떤 물건을 좋아하니? 정말 선물 고르는 것은 골치아픈 것같아. 빨리 네가 내게 말해줬으면 해. 만약 네가 상해에 온다면, 그때 네가 가져올 내 선물을 말해줄게. 나는 원래가 마음속에 있는 말이나 행동을 가슴속에 담아두지 못하는 성미거든. 내가 가장 갖고 싶은 것은 너희들의 결혼사진하고 CD 한 장이야. 그룹이름은 기억나지 않지만, 아무튼 RMB&BLUES라면 뭐든지 괜찮아. 그러니까 낭만적이고, 서정적이며 리듬이 밝고 경쾌한 것이면 다 좋아. 알겠지?

××:

我好想你啊！你怎么还没来上海，我等不急了。你会来上海过节吗？或者是1999年的最后一天在上海？如果我们能一起到上海的外滩去看夜景，那该多好啊！

我们公司会在12月31日那天组织我们吃饭，还唱歌，不过和

> 他们一起玩儿特没意思。如果你能来就好了。不过，我还没想好送给你什么圣诞礼物，你喜欢上海的什么东西呢？这可真伤脑筋啊！快告诉我你要什么，好吗？如果你来上海的话，我希望也能得到你的礼物。我这个人直来直去，不喜欢掩藏自己想说的话，自己想做的事。我最想要的东西是你的结婚照片，和一盘VCD。我记不清楚那个组合的名字了，不过没关系，只要是RMB&BLUES的我都要。就是那种很浪漫的，很抒情的，或者是节奏轻松愉快的。你明白了吗？

1) **世纪钟声**[shìjìzhōngshēng] : 제야의 종소리.

2) **伤脑筋**[shāngnǎojīn] : 골머리를 앓다, 애를 먹다.
   ▶ 你不必为这件事伤脑筋。(이 일 때문에 골머리 아플 필요없다.)

3) **直来直去**[zhíláizhíqù] : (말을) 둘러대지 않고 솔직하게 말하다.
   ▶ 他是一个直来直去的人，说话有口无心。(그는 성격이 시원시원하여 둘러대지 않고 솔직히 말하는 사람이어서 말할 때 사심이 없다.)

4) **掩藏**[yǎncáng] : 숨기다, 감추다.
   ▶ 一人掩藏，十人难找。(한 사람이 감추면 열 사람이라도 찾기 어렵다.)

5) **抒情**[shūqíng] : 서정적이다.
   ▶ 他在多年的创作生涯中，已经形成了一种抒情而明丽的语言风格。(그는 다년 간에 걸친 창작활동가운데에서 서정적이면서도 밝고 아름다운 풍격을 갖춘 언어가 이미 형성되어있다.)

5 e-mail

여화:

　내가 보낸 편지를 받아보았니? 답장이 오질 않아 매우 염려되는구나. 만약 바쁘다면 내게 말해주겠니? 나는 너의 답장을 기다릴만한 충분한 인내심이 있는 사람이니까. 혹시 네가 쓰는 netian서버에 문제가 생긴 것은 아니니? 밀레니엄버그에 감염된 건 아니야? 사실 중국인들에게는 아직 진정한 의미의 신년은 아직 오질 않았지. 2월4일12시가 지나야지 비로소 중국인들의 신년이 온 것이라고 하겠지. 그 날밤이 바로 그믐날이라고 할 수 있지. 그날엔 모두가 모여서 그믐날음식을 함께 먹고, 그날 중국인들의 식탁은 평소보다 훨씬 좋은 음식들이 놓여있겠지. 다만 요즈음엔 경제적으로 윤택해져서 평상시나 그믐날음식이나 별차이가 없지만 말야. 네가 잘 있는지 걱정이 되는구나. 답장 기다릴게!

丽华:

　给你的信，你看见了吗？怎么一直没有你的回信，我很担心，如果你很忙，可以告诉我，我会耐心等待的。还是你的NETIAN网站出了问题，给千年虫咬了？其实对于中国人而言，真正的新年还没到，2月4日晚12时一过，才到中国人的新年。那晚便是除夕之夜。大家会围在一起吃年夜饭，而那天晚上，所有中国人的餐桌上都是比平时要好得多的菜。只不过，现在家里有钱了，平时与除夕吃的都差不多。我好担心你，不知道你是否还好。等你的回信！

1) 回应[huíyìng] : 답장, 회신.

2) 网站[wǎngzhàn] : web site.

3) 千年虫[qiānniánchóng] : 밀레니엄 버그.

4) 年夜饭[niányèfàn] : 설날 전날에 가족이 모여서 함께 먹는 밥.

> **CF** '对'와 '对于'의 비교
>
> '对'와 '对于'는 '전치사'로 공통적으로 '동작이나 행위의 대상을 이끌어 내는 기능'을 한다. '对'는 '对于'는 없는 '~에'나 '~을 접대하다.'의 의미도 있다.
>
> **A.** 对(= 对于)你们的盛情款待表示衷心的感谢。
> (당신들의 융숭한 대접에 진심으로 감사드립니다.)
>
> **B.** '对于'는 능원동사(能愿动词)와 부사뒤에 쓸 수 없다.
> ⋯▶ 你应该对(* 对于)这起交通事故负责。
> (너는 이 교통사고에 대해 책임져야한다.)
>
> ⋯▶ 外国留学生都对(* 对于)中国文化很感兴趣。
> (외국유학생들은 중국문화에 매우 관심이 있다.)
>
> **C.** '对'는 '동작과 행위의 방향이나 목표'를 나타내는 용법도 있다. 이때는 '向'와 '朝'의 의미와 유사하다.
> ⋯▶ 我家的南面正对(* 对于)着那幢新造的高楼。
> (우리 집의 남쪽은 새로 지어진 그 고층건물을 접하고 있다.)
>
> **D.** '对待(대하다, 접대하다)'의 의미일 때
> ⋯▶ 那个服务员对(* 对待)每一位顾客都非常热情。
> (그 종업원은 손님 한 사람 한 사람을 매우 열정적으로 대한다.)

6 e-mail

여화:

　요즘 바쁘니? 그렇지않다면 네가 답장이 없을 리가 없는데 말야. 오늘밤이 바로 크리스마스 이브인데 네가 정말 즐겁고도 유쾌하게 보냈으면 한다. 네가 다음에 상해에 오게되면 그때 내가 성탄선물을 꼭 줄게! 내가 비록 멀리 있더라도 너를 마음속으로 축복하고있음을 기억해 줘. 너는 어디에 있든 나의 가장 절친한 벗이자 언니이니까.

　메리 크리스마스! HAPPY NEW YEAR!

雄伟。
×월 ×일

丽华:

　　最近很忙吧？不然，你是不会不给我回信的。

　　今晚就是平安夜了，希望你过得快乐些再快乐些。

　　等你到上海了，我再补给你圣诞礼物，好吗？

　　记住，远方的我会为你祝福的，因为无论你在哪里都将是我最好的朋友。

　　再次祝你圣诞快乐，新年快乐。

雄伟。
×月 ×日

1) 平安夜[píng'ān yè] : 크리스마스 이브 저녁.

2) 补[bǔ] : 보충해주다.
   ▶ 缺多少，我们给你补多少。
   (부족한 만큼 우리가 채워줄께.)

7 e-mail

××에게:

　당신이 저번에 나에게 부탁하신 개인용 컴퓨터의 하드웨어에 관한 조사를 완료하였습니다. 그 결과로 아래의 몇 가지 문제점에 대해 말씀드리고자 합니다.

　1. RAM가격은 아무래도 당신의 요구를 만족시키기는 힘들군요. 작년 대만의 대지진 이후에 64M의 공급부족 현상이 일어나서, 中關村전체에 물건이 바닥이 났으며, 가격도 대폭으로 올랐습니다.

　2. 당신이 필요로 하는 PENTIUM Ⅲ450은 이미 생산이 중단된 상태이며, 현재 보편적으로 거래가 되는 제품은 PENTIUM Ⅲ500~550MHZ의 CPU입니다. 가격은 물론 450MHZ보다 비싸지만 성능은 탁월합니다.

　3. 당신이 말씀하신 17인치 완전평면 모니터는 이 곳에서 구하기가 몹시 힘듭니다. 당신에게 최근에 생산이 들어간 액정화면 모니터를 추천해드리고 싶습니다. 이 제품은 고 기능,편이성, 안전등을 실현한 제품으로 시장 점유율이 계속해서 늘어나고 있습니다. 아마도 차세대 모니터 시장의 주요 품목으로 떠오를 것으로 보입니다.

　위의 3가지 문제에 대해 고려하시길 바랍니다. 답장 기다리겠습니다. 사업이 번창하시길 바라며…

　　　　　　　　　　　　　　　　　　　　××올림
　　　　　　　　　　　　　　　　　　　　모월 모일

××:

　　上次你要我调查有关个人电脑硬件的事，我已经调查好了。下面我告诉你我发现的几个问题。

　　1。内存条的价格怎么也不能满足你的要求，因为去年台湾大地震使64M内存条供不应求，整个中关村没货，价格也大幅度提高了。

　　2。你所需要的奔腾Ⅲ450中央处理器早已被淘汰了，现在市场上普遍使用的是500～550MHZ的处理器，价格虽然比Ⅲ450处理器高一些，但它的性能比Ⅲ450好得多。

　　3。你说的17寸完全平面显示器在这儿很难搞，我推荐你新上市的液晶显示器，这是一种高效、易用、安全的产品，市场占有率不断提升，可望成为下一代显示器的主流。

　　以上三个问题，望您考虑一下。静候回音。

　　敬祝

生意兴隆！

××上
某月某日

1) **内存条** [nèicúntiáo] : 램(RAM), 컴퓨터 하드웨어중 하나로 전산처리 작업 중의 역할이 수출시에 물품을 선적하기전의 임시창고와 같은 역할을 한다.

2) **供不应求** [gōngbùyìngqiú] : 공급이 수요를 미치지 못하는 현상, 수요 초과현상.

3) **中关村** [zhōngguāncūn] : 북경 동북부에 위치한 지역명, 우리나라 용산과

같은 컴퓨터 관련 사업이 밀집되어 있는 지역이다.

4) 涨价 [zhǎngjià] : 값이 오르다.
   ▶ 昨天10块钱的东西，今天涨价涨到20块了。
   (어저께 10원 하던 물건이 오늘 20원으로 값이 뛰었다.)

5) 奔腾 [bēnténg] : 펜티엄의 음역(音译)한 단어.

6) 中央处理器 [zhōngyāngchǔlǐqì] : 컴퓨터의 중앙처리장치로 'CPU'를 말한다.

   淘汰 [táotài] : 도태되다, 나쁜 것은 추려내고 좋은 것만 남기다, 조건에 맞지 않는 것을 제거하다.
   ▶ 如果不努力的话，会在竞争中被淘汰的。
   (만약에 노력하지 않는다면 너는 경쟁에서 도태될 것이다.)

7) 显示器 [xiǎnshìqì] : 컴퓨터 모니터.

8) 液晶显示器 [yèjīng xiǎnshìqì] : 액정 화면 모니터.

   CF '搞' 와 '弄' 의 비교
   '搞' 와 '弄' 은 모두가 '做' 의 의미가 있지만, 많은 경우에 서로 다른 동사를 대신하는 경우가 있다. 이때는 당연히 서로 다른 목적어를 가지고 서로 다른 의미를 나타낸다. 일반적으로 목적어는 '단음절' 이 아닌 경우가 많다.
   A. '搞' 와 '弄' 의 용법이 동일한 경우
      A-1. 가능한 방법을 사용하여 어떤 대상을 취할 때
      ⋯▶ 你从哪儿搞(弄)到了两张电影票？
          (어떻게 해서 영화표 두 장을 구했니?)
      A-2. '搞' 와 '弄' 이 보어와 결합하여 쓰이는 경우. 이때 보어는 '错, 清楚, 明白, 乱七八糟, 好, 通, 成' 등과 함께 쓰인다.

⋯ ・对不起，我(弄)错了你们俩的名字。
   (미안합니다. 제가 두 분의 성함을 혼동했군요.)
　・我搞(弄)不清楚 '了' 的用法。(나는 '了'의 용법을 잘 모르겠다.)
　・你们怎么把房间搞(弄)成这样？
   (너희는 어떻게 방을 이 모양으로 해놓았니?)

B. '搞'의 용법정리

B-1. 어떤 일에 종사하고 있다, 하고 있다.

⋯ 我是搞语言学的。(저는 언어학을 전공하고 있습니다.)

B-2. 관계를 형성하다, 관계를 맺다.

⋯ 这个人搞关系很有一套。(이 사람은 관계를 형성하는데 나름대로의 철학이 있다. 대인관계를 잘 형성한다.)

B-3. 대인관계를 잘 처리한다.

⋯ 朋友间应该搞好关系。(친구간의 관계는 잘 처리해야한다.)

B-4. 어떤 활동이나 모임, 행사등을 하다.

⋯ 每年四月，我们系搞一次文体活动。
   (매년 4월에 우리과는 레크레이션 활동을 한 차례 실시한다.)

B-5. 파트너를 찾다, 남녀가 이성상대를 찾다.

⋯ 听说你近来搞上对象了。
   (듣자하니 네가 요즈음에 애인이 생겼다며?)

B-6. 비교적 낙후된 상황을 향상시키다.

⋯ 大家决心把生产搞上去。
   (모두들 생산을 향상시킬 것을 결심했다.)

B-7. (어떤 일을) 계속 해나가다.

⋯ 试验虽然失败了，但还要继傑搞下去。
   (실험은 비록 실패하였지만 앞으로 계속 해나갈 것이다.)

B-8. 남 뒤에서 떳떳하지 못한 일을 하다.

⋯ 怎么自行车没气了，是谁搞的鬼？
   (자전거에 왜 바람이 빠졌지? 누가 이랬어?)

B-9. 일을 좋은 쪽으로나, 혹은 나쁜 쪽으로 변화시킨 것을 의미하는 경우

⋯▶ 那个歌手喜欢在演唱会上搞些新花样，使演唱会开得更加热闹。
(그 가수는 (텔레비젼의 노래부르는) 쇼 프로그램에 나와서 새로운 장면을 연출하길 좋아하기에, 쇼 프로그램을 더욱 흥이 나게한다.)

B-10. 일이 결정되거나 문제가 해결되었을 때

⋯▶ 房子的事到现在还没搞定。
(집문제는 현재까지도 아직 해결되지 않았다.)

C. '弄' 의 용법정리

C-1. 가지고 놀다. 만지다.

⋯▶ 弄游戏机 (게임기를 가지고 놀다.) / 弄着玩 (만지고 놀다.)

C-2. 하다, 행하다. 이 경우에 쓰이는 '弄'은 원래 쓰여야 할 동사의 구체적 설명이 불 필요하거나 곤란한 경우에 쓰인다.

⋯▶ 这个表坏了，你拿去叫钟表匠弄好了吧。(이 시계는 망가졌으니 네가 수리공에게 가져가서 고치도록 하여라. - 이 문장에서 쓰인 '弄'은 '修理'를 대체한 것이다.)

C-3. 방법을 강구하여 행하다, 하다.

⋯▶ 瓶盖怎么也弄不开。(병뚜껑을 어떻게해도 열 수 없다.)

【컴퓨터 용어정리】

① cpu : 'cpu'를 그대로 쓰기도 하지만 중국어로 '中央处理器'나 '处理器'로 쓰인다.

- celeron : 赛扬
- pentium 3 : 奔腾3代
- cpu 점유율 : cpu 占用率
- 방열팬 : 散热风扇
- 오버클로킹 : 超频
- 인텔 : 英特尔
- L2 캐쉬 : L2快取

② 마더보드 : 主板

- 호환성과 업그레이드 가능 : 可更换性和可升级性
- 슬롯 : 插槽

③ 비디오 카드 : 显

- TV-OUT 기능 : 视频输出功能
- TV-IN 기능 : 输入的功能
- 셰어웨어 : 测试版
- 3D카드 : 图象卡, 3D加速
- 비디오 메모리 : 显存
- 800×600 해상도 : 800×600分辨率

④ 하드 디스크 : 硬盘

- 7200rpm 하드 디스크 : 7200转 硬盘
- 일체형 컴퓨터 : 一体式电脑

【컴퓨터 용어정리】

⑤ 사운드 카드 : 声卡
- 4채널 지원 : 4声道输出支持

⑥ 인터넷 방면
- 웹브라우저 : 浏览器
- 검색엔진 : 搜索引擎
- 채팅방 : 聊天室
- 음성채팅 : 声音聊天, 语音聊天
- 글로 하는 채팅 : 笔谈式聊天
- 인터넷 뱅킹 : 网上银行, 텔레 뱅킹 : 电话银行
- 네티즌 : 网民
- 모뎀 : 调制解调器
- LAN : 局域网
- 인터넷 경매 : 网上拍卖
- 인터넷 컨텐츠 서비스 : 因特网内容服务
- 아이디 : 用户名, 昵名
- 암호 : 密码
- 이메일 : 电子信箱
- 인터넷 TV : 网络电视
- 셋톱박스 : 机顶盒
- 인터넷에 빠지다 : 泡网
- 인터넷 쇼핑 : 网上购物
- 화상전화 : 视讯电话
- 웹페이지 관리자 : 站长

【컴퓨터 용어정리】

⑦ 주변기기

- 주변기기 : 周边设备
- 마우스 : 滑鼠, 鼠标
- 스캐너 : 扫描仪, 扫描器
- 디지털 카메라 : 数码相机, 数字相机
- 잉크젯 : 喷墨打印机

⑧ 기타

- 컴퓨터 케이스 : 机壳, 机箱
- 메이커PC : 品牌机
- 조립 컴퓨터 : 组装型电脑
- 서버용 컴퓨터 : 服务器
- 윈도우 2000 : 视窗2000, 晕倒死2000 (최근에 나온 어휘로 중국정부와 MS사간의 불편한 관계에서 유래된 용어)

XI. 메모

1 메모

××선생님께 :

선생님 안녕하셨습니까?

본래는 선생님과 이번 연구발표의 주제에 대해 상의드리고 싶었지만, 오늘은 선생님의 지도를 받지못할 것 같군요. 제가 임시로 정한 발표주제는 "한중 형식동사 대조"입니다.

나중에 선생님께 다시 연락 드리겠습니다. 위의 제목이 적당한 지에 대해 말씀해주시길 바랍니다. 건강에 유의하십시오.

제자 ××올림

××老师：

您好！

本想和您探讨一下这次研讨会论文题目的问题。现在看来，是无缘听您指教了。所以，我暂定以"韩中形式动词对比"为题。

以后再和您联系，不妥之处敬请。

请您保重！

弟子××拜上

1) **探讨**[tàntǎo] : 연구 토론하다, 탐구하다.

   ▶ 大家不断地探讨着，希望能找出更好的对策。
   (모두들 끊임없이 연구 토론하여 더욱더 좋은 대책을 찾기를 희망하고 있다.)

2) **研讨会**[yántǎohuì] : 연구토론회.

   ▶ 这次研讨会着重于汉语规范问题。
   (이번 연구 토론회는 중국어의 규범화 문제에 치중되어 있다.)

3) **指教**[zhǐjiào] : 가르침. 주의할 점은 '指教'는 명사 목적어를 가지지 못한다는 점이다.

   ▶ 赵老师指教得很及时。
   (조선생님의 가르침은 매우 적절한 것이었다.)

   ▶ 在写回信时，请您指出(* 指教)我英语上的错误。
   (답장을 쓸 때 제가 쓴 영어문장의 잘못된 점을 지적해 주시길 바랍니다.)

   CF '先生'와 '老师'의 비교

   A. '先生'은 지식수준이 비교적 높은 사람에 대한 칭호이다. 일반적으로 대학교수의 경우는 '先生'이라고 칭할 수 있다.
   ⋯ 王先生教我们汉语。(왕선생님은 우리에게 중국어를 가르치신다.)

   B. '先生'은 사교적인 장소에서 쓰이는 용어로 상대에 대한 예의를 나타낸다. 일반적으로 여자는 '太太, 小姐, 女士'를 쓰고, 남자의 경우는 '先生'을 쓴다.

   C. '先生'은 '자신과 상대의 남편'을 가리키는 용어로도 쓰인다. 이때는 일반적으로 '인칭대명사'가 선행한다.
   ⋯ 他是我先生。(그는 제 남편되는 사람입니다.)
   ⋯ 您先生在哪儿工作？(당신 남편되시는 분은 어디에서 일하시나요？)

   D. 이에 비해 '老师'는 상기의미가 없고, 단순히 '선생님'이라는 의미밖에 없다. 자신의 선생님을 남에게 소개할 때는 '他是我的先生。'이라는 표현보다는 '他是我的老师。'라는 표현을 쓰는 것이 바람직 하다.

② 메모

뵙지못하고 돌아가게 되어 매우 섭섭하군요. 다음에 저희 집에 오셔서 이야기를 나누어 주시길 바라오며 몇 마디 남깁니다.

拜访不遇，甚感遗憾。日后驾临寒舍一叙为荷！特此留言。

1) **拜访不遇**[bàifǎngbùyù] : 방문 하였으나 만나뵙지 못하였습니다.

2) **驾临**[jiàlín] : 왕림하다.
   ▶ 敬备菲酌，恭候驾临。
   (변변치 못한 음식이나마 준비하여 왕림해 주시길 삼가 기다리고 있습니다.)

3) **寒舍**[hánshě] : 누추한 곳. 자신의 집을 겸허하게 말하는 표현.

4) **~为荷**[~wéihè] : ~하길 바랍니다.

5) **特此留言**[tècǐliúyán] : 이에 특별히 말을 남깁니다. '文语'로써 메모의 마지막에 쓰는 표현.
   CF 特此电告[tècǐdiàngào] : 전보나 팩스에서 글 마지막에 쓰는 표현.

3 메모

××선생님 :
　오늘 오후에 찾아 뵙고 상의드릴 일이 있었는데 오래 기다릴 수 없어서 만나 뵙지 못하고 돌아갑니다. 내일 오후 5시에 다시 찾아뵈올테니 부디 기다려주셨으면 합니다.

　　　　　　　　　　　　　　　　박××

　　　　　　　　　　　　　　　　　　　×월×일

××先生：
　今天下午我来找你，有件事情要跟你商量，不巧未能见面，又不能久等。明日下午五时我再来，请等我。

　　　　　　　　　　　　　　　朴×× 留言

　　　　　　　　　　　　　　　　　　×月×日

4 메모

××선생님께:
　어제저녁부터 갑자기 열이나서 오늘 학교 부속 병원에서 진찰을 받았더니 독감이라고 그러더군요. 그래서 출근을 못하고 하루 결근을 청하오니 부디 허락해주시길 바랍니다.
　　　　　　　　　　　　　　　　박××올림
　　　　　　　　　　　　　　　　　×월 ×일

××老师：
　　从昨晚起，我突然头疼发高烧，经学校附属医院××医生诊断系重感冒，不能上班。暂请假一天，请批准。
　　附医院证明
　　　　　　　　　　　　　　　朴××上
　　　　　　　　　　　　　　　　×月×日

1) **前来**[qiánlái] : 다가오다, 저쪽으로부터 오다.

2) **系**[xì] : '文语'에서 '是'의 의미로 쓰인다.

3) **批准**[pīzhǔn] : 비준하다. 상급기관(이나 상급자)가 하급기관(이나 하급자)의 부탁이나 건의에 대해 동의하는 것을 말한다. 주의해야할 점은 '批准'은

'意见'을 목적어로 쓰일 수 없다.

▶ 院长批准她去西藏工作四年。
(원장은 그녀가 서장에 가 4년동안 일하는 것을 동의하였다.)

▶ 张老师同意(＊批准)我们的意见。
(장 선생님은 우리들의 의견을 동의했다.)

CF '通过'와 '经过'의 비교

A. '通过'는 '어떤 수단이나 방법을 이용하여 어떤 목적에 도달하거나 어떤 결과가 있게된 것'을 나타낼 때에 쓰인다. '经过'는 '이미 완성된 과정을 설명하고, 상황이 변화하거나 어떤 결과가 나타나는 경우'를 말한다.

…▶ 我常常通过(＊经过)因特网来了解中国的情况。
(나는 항상 인터넷을 통해 중국의 상황을 이해한다.)

…▶ 他们虽然经过(＊通过)一次又一次的失败，但是毫不灰心。
(그들은 비록 한 차례, 한 차례 거듭되는 실패를 겪었지만 조금도 낙심하지 않았다.)

B. 양자가 서로 호환이 가능한 경우가 있는 데, 이때는 이 개사들의 목적어가 되는 부분이 상황에 따라서 '방법이나 수단 - 通过'이 될 수 도 있고, '일의 과정 - 经过'도 될 수 있는 경우이다.

…▶ 通过(经过)调查，我们了解了事情的真相。
(조사를 통해(거쳐서) 우리는 일의 진상을 이해하였다.)

5 메모

××선생님께 :
　저희 부모님이 어제 북경에 오셔서 오늘 저와 함께 고궁과 만리장성을 가시길 원하시더군요. 급히 가다보니 직접 결석계를 전해 드리지 못하고, 王明浩학생을 통해 제출하오니 부디 허락해주실 바랍니다.
김××올림

×월 ×일

××老师：
　我父母昨天来了北京，要我今天陪他们去故宫和万里长城。因为走得急，无法亲自请假，特托王明浩同学带去请假条，请批准。
　此致
敬礼
金××上

×月×日

1) 亲自 [qīnzì] : 몸소, 친히, 직접. 주의할 점은 '자신이 직접 느끼는 느낌' 등을 나타낼 때는 사용할 수 없다.

▶ 要知道梨的滋味，必须亲自尝一尝。
(배의 맛을 느끼려면 반드시 직접 맛을 봐야한다.)

▶ 今天我(*亲自)觉得很累。
(오늘 매우 피곤하게 느껴진다.)

2) 请假条 [qǐngjiàtiáo] : 휴가원, 결석계, 결근계.

6 메모

> 내 절친한 벗, ××:
> 오늘 선생님 강의하실 때 말이 너무 빨라서 필기를 제대로 못했다. 네 노트를 빌려줄 수 없겠니? 오늘 다 베껴쓰고 내일 꼭 돌려줄게!
>
> 정××가

> 亲爱的××:
> 　　老师今天讲得太快了，所以笔记没记全。能不能把你的笔记本借给我？今天抄完，明天定会还给你的。
>
> 郑××

1) **笔记没记全** [bǐjì méi jìquán] : 필기를 다 하지 못하다.

2) **抄** [chāo] : 베껴적다. '抄'의 '베껴적다' 의미는 '중성적인 의미'와 '부정적인 의미'로 나뉘는 데 본문에서 쓰인 의미는 전자의 경우에 해당한다.

　A. 중성적인 의미일 때. – '단순히 베껴적는다.'의 의미
　⋯▸ 这么多复习题两个小时可抄不完。
　　 (이렇게 많은 복습문제는 두 시간안에 다 베껴적을 수 없다.)
　B. 부정적인 의미일 때. – '다른 사람의 작품이나 문장을 베껴와서 자기것인 양 하는 경우.'
　⋯▸ 这篇文章是东抄西抄拼凑起来的，没自己的见解。
　　 (이 문장은 여기 저기서 베껴온 것으로 자신의 견해는 전혀 없다.)

1 메모

××회사 애프터서비스 부서:
우리회사의 컴퓨터가 바이러스에 감염되서 정상적인 업무에 차질이 있습니다. 급히 기사를 보내 수리해주길 바랍니다.
××회사
×월 ×일

××公司售后服务部:
　　我公司的电脑染上病毒了, 影响到正常业务, 希望及时派修理工来维修。
××公司
×月×日

1) **售后服务**[shòuhòu fúwù]: 애프터 서비스.

   ▶ 这个公司不但生产品质量高, 而且售后服务也很好。
   (이 회사가 생산한 상품은 품질이 우수할 뿐아니라 애프터 서비스도 역시 매우 좋다.)

2) **病毒**[bìngdú]: 바이러스.

3) **维修**[wéixiū]: (기계등을) 수리하다, 보수하다.

   ▶ 只有专家才能维修这台电脑。
   (오직 전문가만이 이 컴퓨터를 고칠 수 있습니다.)

8 메모

××:
당신회사가 요청한 자동차 부품이 도착했습니다. 내일 오전 10시에 저희회사 수출팀에 오셔서 구매하시길 바랍니다.

××자동차부속회사

×월 ×일

××:
　　贵公司所需的汽车配件已运到，请于明天上午10时来我公司进口部购买。
　　此致
敬礼！

××汽配公司

×月×日

1) **汽车配件**[qìchēpèijiàn] : 자동차 부속.

▶ 我们公司经营汽车配件多年。
(우리 회사는 다년간 자동차 부품을 취급하고 있습니다.)

2) **进口部**[jìnkǒubù] : 수입 담당 부서.

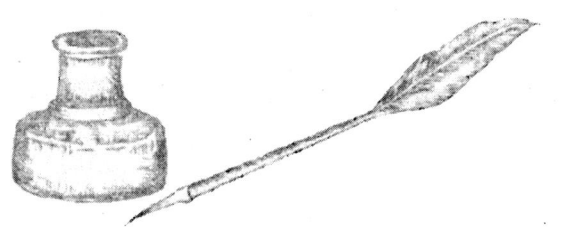

문예림 도서목록

4주완성 독학 영어 첫걸음
지구촌 영어 첫걸음
영어회화 고민 이제 끝냅시다! I
영어회화 고민 이제 끝냅시다! II
아낌없이 주는 영어
비즈니스 영어
입에 술술 붙는 영단어
헷갈리는 영어 잡아먹기
톡톡튀는 신세대 영어 표현
패턴의 원리를 알면 영어가 보인다
간편한 여행 영어 회화
여행자를 위한 지구촌 영어 회화
눈으로 느끼고 가슴으로 읽는 영어
말장난으로 하는 영단어 DDR
1000만인 관광 영어 회화
영문 편지 쓰는 법
영어 왜 포기해!
우리아이 영어와 재미있게 놀기 영어
교사를 위한 영어학
영어 커뮤니케이션 가이드
영어가 제일 쉬웠어요
다모아 답에타(단어장)
일석오조(영단어)
이것이 토종 미국 영어다
미국 영어가 보인다

영작문 패턴으로 따라잡기
Toefl Writing Master - class
Harvard Vocabulary
미국 영어 회화
영어명문 30선
쉬운 영어, 쉬운 일본어 – 청춘
쉬운 영어, 쉬운 일본어 – 정열
쉬운 영어, 쉬운 일본어 – 도약
4주완성 독학 일본어 첫걸음
지구촌 일본어 첫걸음
실용 일본어 회화
배낭 일본어
1000만인 관광 일본어 회화
일본어 단어장
편리한 회화 수첩
일본여행 110
일본어 일기
김영진 일본어 문법 핵심 정리
꺵먹고 알먹는 일본어 첫걸음
김영진과 함께 떠나는 여행 일본어 회화
일본어 급소 찌르기
노래로 배우는 일본어 1
노래로 배우는 일본어 2
4주완성 독학 중국어 첫걸음
실용 중국어 회화

여행필수 중국어 회화
영어대조 중국어 회화
최신 중국어법 노트
4주완성 독학 프랑스어 첫걸음
여행필수 프랑스어 회화
영어대조 프랑스어 회화
프랑스어 편지 쓰기
노래로 배우는 프랑스어 (1개)
샹송으로 배우는 프랑스어 (2개)
리듬테마로 배우는 프랑스어
성경으로 배우는 프랑스어
4주완성 독학 스페인어 첫걸음
영어대조 스페인어 회화 (개정판)
노래로 배우는 스페인어 (1개)
실용 서반어 회화
교양 스페인어
지구촌 이태리어 첫걸음
여행필수 이탈리아어 회화
영어대조 이탈리아어 회화 (개정판)
노래로 배우는 이탈리아어 (2개)
쉽게 배우는 이타리아어 1
지구촌 독일어 첫걸음
실용 독일어 회화
여행필수 독일어 회화
배낭 독일어

독일어 편지 쓰기
영어대조 독일어 회화 (개정판)
독일어 무역 통신문
PNdS독해평가
PNdS청취평가 구두시험
PNdS핵심 독문법
최신 독일어
독일어 문법과 연습
노래로 배우는 독일어 (1개)
수능 독일어
배낭 유럽어
대학생을 위한 활용 독일어 I (3개)
성경으로 배우는 독일어
대학생을 위한 활용 독일어 II (3개)
4주완성 독학 러시아어 첫걸음
한국인을 위한 러시아어 첫걸음
여행필수 러시아어 회화
영어대조 러시아어 회화
표준 러시아어
표준 러시아어 회화
최신 러시아어 문법
러시아어 펜맨십 강좌
노브이 러시아어
노래로 배우는 러시아어
실용 아랍어 회화